高座は戦場!

デキる人はゲンを担ぐ

立川談慶

◇はじめに

先日、高一の次男坊に言われました。

「学校で、お父さんの仕事に関する質問があってさ、どこの家のお父さんも毎日朝早くから夜遅くまで仕事していて、家にはほとんどいないということが判明したんだ。いつもパパが家にいるのが当たり前の僕は、軽いショックを覚えている」

落語家の生活の本質を突いてくるひと言でした。そして深い質問をぶつけてきました。

「ねえ、なんで落語だけで食べていけているの?」

落語家の人数は、東京、大阪を合わせて千人は超えるといわれています。25歳で談志門下に弟子入りしましたが、才能やセンスを持っている人たちに囲まれながらも、落語のほかにもなんとかこうして本を書くなど、ようやく自分の居場所が芽生えてきました。が、次男坊から投げかけられた素朴な疑問は、実は当人である私ですらいつも答えられないことでした。

でも、目をキラキラさせたわが子には答えなくてはなりません。「それはね、皆さんのおかげで運が良くなってきたからだよ」。彼は、キョトンとしてしまいました。

「それ、ロジカルじゃないよ」。おっと、高一ともなれば、そんな風に返してくるのか。ある意味、頼もしさを感じました。

◎はじめに

「運を、論理的に説明してよ」と、さらに追い打ちをかけてきます。確かに、運だと答えるのは、目に見えないもののせいにしているだけのような印象を与えてしまいます。「パパは運を良くするためにゲンを担いでいるからかも」。咄嗟《とっさ》に答えました。当時この本の編集者である神宮館・粟多さんからの「ゲン担ぎの本、書いてもらえませんか?」という依頼に頭を悩ませていたからかもしれませんが、苦し紛れながらも案外いい答えだったのかもしれません。

なるほど、そうか。運というのは、目に見えないもののような感じがして思考ストップの範疇《はんちゅう》に収まりかねないけれども、ゲンを担ぐというのはそんな目に見えない運を手繰り寄せるための行為ではないか。自分で言っていて気がつきました。運は抽象的ですが、ゲン担ぎは具体的でもあります。「ありがとう、ゆうくん。君のおかげでまた本が書けるよ」。怪訝《けげん》そうな顔をした次男坊を尻目に見ながら、私はパソコンへと向かいました。

デキる人は、ゲンを担いでいるのかも——。

そんな人たちを具体的に追って参考にすることができれば、誰もがゲンを担いで、運のいい人生を送れるのではないか。

さあ、「ゲン担ぎ」の長い一席を申し上げます。ごゆるりとお付き合いください。

立川談慶

デキる人はゲンを担ぐ

もくじ

第1章　ゲン担ぎをひも解く

Contents

第2章 ゲン担ぎであふれる落語の世界

第3章 売れっ子の言動から学ぶゲン担ぎ

Contents

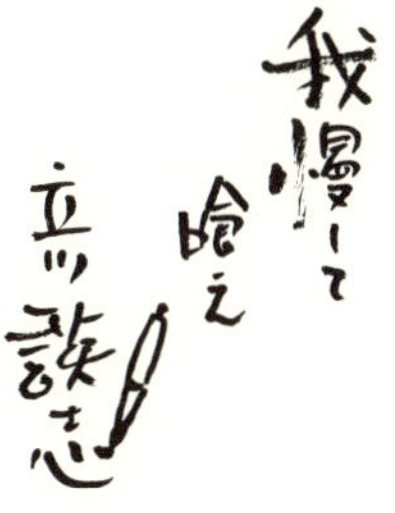

第7章　談慶流　こよみを読み解くゲン担ぎ

第1章

ゲン担ぎをひも解く

1. ゲン担ぎとはなにか

ゲンを担ぐとは一体なんのことでしょう。

「ゲンを担いで、縁起のいい神社に行った」「パワースポットを巡ってゲンを担いできた」「ゲン担ぎで、左足から鳥居をくぐる」などなど、さまざまな場面で用いられる言葉です。辞書で調べてみますと、ざっくりいって、以前の良い結果と同じような結果をもたらそうとする行為と記されています。ちなみにゲン担ぎのゲンは修験道《しゅげんどう》の「験《げん》」という字だそうです。霊験《れいげん》あらたかの験ですな。験という字も辞書を引くと、仏道・修験道などの修行を積んだしるし。また、祈禱《きとう》などのききめ。効験。ほかに、縁起、前兆。「―がいい」などと使われる――とのこと。

つまり、トータルすると、験とは「形となって現れるもの」も指すとしてあります。

これらを踏まえてみると、かつて◯◯してみたらうまくいったとか、同じような場面で◯◯してみたら乗り越えられたというような体験をベースにして、過去と同じような良い結果をもたらそうという、経験値から逆算した行為の総称であると、定義できないでしょうか?

過去の成功体験に基づいて起こされるアクションの総称を、「ゲン担ぎ」と人は代々称してきたのです。

人間とは実にいじましい生き物です。この世に生を受け、生きていく以上、いつかは死ぬ運命にあります。一寸先は闇で、誰もが10秒後の運命を知らないで生きています。10秒後ですらわからないのに、1時間後、1日後、1ヶ月後、1年先、10年先のことは誰も予期できません。

いまでこそ科学が進歩し、台風の進路などをはじめ、ある程度の未来予測は可能になってきました。とはいっても、台風の進路とは違って、人生とは予測不可能、しかも不可逆性そのもので、同じことは二度と経験できません。

かくいう私自身、大学を出まして、ワコールに3年勤務した後、立川談志の弟子になるという信じられない進路を歩んできた人間であります。いまとなってやっと、この世界に入って良かったなあと思えるようにまでなってきましたが、入門当初はその進路の迷走ぶりに、家族を筆頭に周囲は戸惑ってばかりでした。

いや、わけのわからない分析不能な道を歩いている人は私だけではないはずです。

誰もが不安を抱えて、それぞれの道を歩んでいるのではないでしょうか？

さて、そんな後戻りできない不安だらけの状態の中で頼ろうとするのが、過去の蓄積、すなわち歴史です。人間とは、人類の歴史などという大それたものではなく、個人の歴史、つまり過去の自らの経験に知らず知らずのうちに頼ろうとする弱い生き物なのです。だからこそ、「高校入試の時、この神社に参拝したら合格した」とか、「昨年の球技大会では、右足から靴下を履いたら勝てた」というように、厳密にいうと科学的な因果関係など存在しないにもかかわらず、過去にうまくいったことと目の前の行為との繋がりにすがろうとします。そしてそれらがうまくいったという情報のみを、人はフィードバックしていくのです。

かような個人のデータがビッグデータ化されて、積み重なって集合知とまでなり、因果関係を凌駕《りょうが》するような存在にまで昇華したものが、昨今取り沙汰されているパワースポットなのかもしれません。

当たるという占い師は、霊感そのものというより、たくさんの人たちをみてきたという圧倒的な情報量がゆるぎない事実となって、正当性を下支えします。もうそうなると一流のカウンセラーにも引けを取りません。後述しますが、霊験あらたかだと評判の神社仏閣を訪れる際にいつも感じるのが、多くの人たちが頼みにし、足しげく通ってきたという、足跡の重みからくる空気感のすごさです。それらは、合理性という科学的かつ西洋的な価値観が生まれる前から存在していたのです。

人間というものは、自らの浅はかなロジカルの無力さを改めて確認すると、より大きな存在に対して素直になれるものなのかもしれません。

もしかしたら、ゲン担ぎとは、未来のパワースポットのためのタネをまく行為なのかもしれません。

ゲン担ぎという言葉の枠を拡げて、もっと飛躍させてみましょう。将来起きてほしい良いことを発生させるために、それとは直接関係なさそうに見えるスイッチを入れることがゲン担ぎだとしたら、とても夢のあることのように思えてきませんでしょうか？

そしてそんな一見なんの関係もない事柄を結びつける読解力こそが、人生という巨大な文脈に向き合うための大事な作法なのかもしれません。

つまり私にとってのゲン担ぎとは、「未来の可能性の扉」そのものなのです。

2. 人々がゲン担ぎをするワケ

さて、人はなぜゲン担ぎをするのでしょうか。前項で、ゲン担ぎは未来の扉を開く行為と述べましたが、ゲン担ぎ自体が未来志向なのではと思います。

誰もが、未来に不安を抱いています。不安は不快感をもたらします。「全ての行動は不快感の解消だ」と談志は定義しましたが、少しでも不安を解消させようとして、人は「大勢の人からご利益があると聞いた」などと評判の高い神社仏閣を訪れるのかもしれません。

未来は基本的に誰にも見えないものです。俺には見えるという人が中にはいますが(笑)、それはカルトな宗教団体などごく一部の狭いコミュニティの中でしか説得力を持ちません。

お金持ちも、貧乏人も、老いも若きも、リテイクできない一度きりの人生を歩んでいます。そんな手探りな中、以前こうやったらうまくいったという情報はかけがえのないものとなります。人はそれを元に、全く同じことが2度起きるわけはないのに、不安から前例と同じような経路をたどろうとしたがるのです。

自分自身も、まさに生活必需品ではない落語という芸能活動で家族を養っている手前、少しでも運勢が良くなるようにとの、すがるような思いで著名な神社仏閣を巡るなどしています。ご利益があるとされる人気の場所は、やはり同じような思いの人たちであふれています。

落語家になる前はさほど感じなかったのですが、落語家として長いことやらせてもらっているせいか、いや、50歳を超えたせいか、熱心に参拝する人に限りないシンパシーを覚えるようになってきています。

少し前までは、行列ができるほどの神社仏閣で、私の前に参拝している人がかなりの長時間熱心に祈りを捧げていたりすると、根がせっかちなせいもあって、早くしてくれないかなあなどと思ったものですが、いまは、「ああ、この人も抱えていたり背負い込んでいるものが、大変なんだなあ」と労わるような気持ちが芽生えてきています。

この心境の変化って一体なんでしょうか？

もしかしたら、これが神社仏閣参拝のメリットなのかもと、ややうがった見方をしています。最近カミさんやセガレから「パパ、優しくなったね」と言われるようになったのもそんなところからでしょうか。少なくとも、数年前までは、見ず知らずの人の悩みや心配事に共感というか、寄り添うような感覚は全くなかったものです。単に年を取ったせいだけかもしれませんが、流行っている神社仏閣に行くとスッキリとするのは、もしかしたら、大勢の願いを叶えてくれるからという理由ではなく、パワースポットが、多数の衆生《しゅじょう》たちの苦悩を少しでも分散する装置として機能しているからかもしれません。

つまり、多くの参拝客に自分の辛さなどを頭割りしてもらうという、ズバリ「苦しみ割り勘装置」としての機関こそが神社仏閣の本来の役割なのではと思うのです。

決して神仏に対して無礼なことを言っているわけではありません。ただ、非常にドライな見方をしているだけであります。人類は長い年月をかけて、あらゆる苦しみや悲しみをみんなで分かち合ってやり過ごすという英知を編み出してきました。お葬式でみんなで泣き合うことで、その辛さが緩和されるのがわかりやすい例です。

心理学者の河合隼雄《かわいはやお》先生の本でこんな一説があります。ユング心理学では、「自分が存在する」とか「花が存在している」という発想はしない。むしろ逆で、「存在が自分している」「存在が花している」と考えると。

これはつまり、自分にも花にも共通の共有する部分が横たわっていて、たまたま表に一部出ているのが、自分であったり花であったりするだけで、根っこはみんな同じなんだよということ。その根っこの部分こそユング心理学でいうところの、集合的無意識と呼ぶと、確かそんなことが書いてありましたっけ。ま、記憶の片隅に眠っていたことですから、詳しくは河合先生の本を読んでみてください。

これを読んだ時、なんとなく心が軽くなったような気持ちになれたものです。「お前は花をやっているのかい。そうか、俺は俺をやっているよ」という風に自分も花と話し合えるのかもなあと妄想したものです。

老若男女がゲン担ぎで訪れる神社仏閣も、そのような目線で見つめてみると、みんな根っこは同じでたまたま表に出ている部分の悩みが、娘さんの縁談だったり、ご主人の病気のことだったり、金運だったり、などと別個になっているだけなんだなあと。こんな気持ちになれば、多少お参りの時間が長引いてもイライラしませんよね。

そう考えてみると、ゲン担ぎというのは、「苦しみ割り勘装置」への参加切符にも思えてきます。人間はどこまでもいじましいものですなあ。

3. ゲン担ぎは神様に近づく行為

もしかしたらゲン担ぎとは、目標達成までのストイックさを可視化したものなのかもしれません。茶断ち、塩断ちなどのいわゆる断ち物に表される行為の総称がゲン担ぎとされていますが、それが神様を喜ばせる直接的な行動となるのではなく、辛抱を具現化させることで神様を含めた周囲から応援されやすい体質になるのが目的とも考えられます。

知り合いのバラエティプロデューサー・角田《かくた》陽一郎さんは、著書の中で、神社仏閣でお祈りすることは神様へのプレゼンだと見事に言い切っていました。なるほどプレゼンとは言い得て妙です。

神様と交渉する以上は、覚悟が問われることになります。その具体化こそがゲン担ぎだったのでしょう。ただ金持ちになりたい！　というのではなく、金持ちになってどうしたいのか、もっというならば、そこで得た大金をどう使って社会に貢献したいのかという、まさに一般社会におけるプレゼンのような具体性がないと、目に見えない神様は説得できないとまで角田さんは言い放っています。

してみると、世の中すべてプレゼンなのかもしれません。女性を口説くというのもひとつのプレゼンです。私と付き合うとこれほどの価値があるということをさりげなく上手に伝えられる人ほどモテています。仕事ができる人がモテる理由はそこにあります。運良く意中の女性と付き合うようになった状態ならば、プレゼン成功であるともいえます。

古典落語の『小言幸兵衛《こごとこうべえ》』の中に「女は受け身だよ」という名文句が出てきますが、まさにその通り。妊娠期間中とその後しばらくの子育て期間という、待たなければならない受け身期間を、きちんと受け入れてくれるような男性でないと女性は出産できません。

人類はそのような行為を繰り返して、それぞれのコミュニティを繁栄させてきました。プレゼンこそ人類の営みの歴史の根本だともいえます。そんなプレゼンを神様に向けて発したのが参拝であり、それらが積み重なって信仰、さらには宗教へと繋がっていったのでしょう。

そして、プレゼンに説得力を持たせるための、具体的行為の総称がゲン担ぎというものだったのではと推察します。ドラマの中で女性がよく言う「私を愛しているならば、その証拠を見せてよ」という証拠に値するものが、ゲン担ぎなのです。大願を成就させるために酒を断つという話は古今東西よく聞きます。神様が女性ならば、「じゃあ証拠を見せてよ」と耳元でささやくはずです。

「ああ、この人はあんなに大好きなお酒を断ってまでプレゼンしてくる。これは本物かも」と思わせた結果、願いが叶うという図式です。

そういう具合に物事を見つめてみると、ゲン担ぎという具体的な行為によって神様という見えない存在が逆に可視化されるような感じすらします。もっというと、ゲン担ぎによって、神様のほうから人間界に近づいてきてくれているというような心持ちでしょうか（ま、錯覚かもしれませんが）。

余談ですが（この本全体が余談でもありますが）、私がカミさんに結婚したい！と告白した時に、まさに、「じゃあ、その証拠を見せてよ。私、落語家さんの世界がわからない。あなたの人間性にときめいてはいるけれども、落語家としてどれだけ稼いでいるのかわからない」と言われたものです。

少しムッとして、安定した金が入る仕事がいいのなら公務員だろ！　じゃあ俺なんか無理だよと言い返すと、「違う、そうじゃないの。毎月きちんとしたお金を稼ぐ人じゃないと嫌とかじゃなくて、普段どのような金銭感覚で過ごしているか、あなたのサンプルが知りたいだけなの」とすかさず説き伏せられてしまいました。

その後、いつどこからどんな形の収入がきて、それらがどのようにして出ていくかという、お金の動きがわかる銀行通帳を、意地もあり堂々と見せつけて、今度はこっちが彼女を説得した形となり、入籍へとたどり着きました。

それが良かったかどうかなんてわかりません。だって、何度も言うように、この世には未来から逆戻りして現世にやってきた人はひとりだっていないのです。正解なんて誰にもわからないのですもの。

いま思うと、あれこそが結果として前座時代のゲン担ぎとなった行動でありました。「カミさん」という言葉はもしかしたら「神様」に由来しているのではと密かに思っています。そんなカミさんのほかに、いまや生意気盛りの坊主を抱えている我が家はまるで宗教団体みたいですな。

そういう風に捉えてみると、仕事という辛い思いをしてお金をもらうこと自体がゲン担ぎのようにすら思えてきますなあ。

4. ゲン担ぎを「アップデート」する

平成が終わりました。64年も続いた昭和に比べれば、その半分以下の長さだった平成ですが、その分密度の濃い期間だったのではないでしょうか。この30年間で価値観は一気に多様化しました。具体的にいえば昭和の頃までは許されたことが、平成末期ともなりますと、アウトという事象が多かったように感じます。

その代表格がパワハラやセクハラです。

少なくとも、このふたつは昭和末期の頃にやっと芽生え始めた感覚です。極論すればそれまでの企業はどこもパワハラやセクハラ体質でありました。要するに、上司からの無茶振りが当然で、それを意識化させ体質強化を図るかのように毎日の朝礼では「電通の鬼十則」めいた言葉がマントラのごとく唱えられていました。「周囲を引きずり回せ。引きずるのと引きずられるのとでは長い間に天地の差ができる」という言葉。なんの疑問も感じませんでしたが、ワコールを去ってから、それは電通鬼十則からの引用だったことを知ります。

また、そういう企業体質にあてはまりやすい、部品としての学生が好まれ、その象徴的なタイプが体育会系学生でした。上意下達《じょういかたつ》に慣れていて、忍耐力があるというのは、パワハラ企業にうってつけ。女子学生は、職場の花としてお茶汲みに代表されるマスコット的役割を求められていたものでした。「彼氏いるの？」と聞くのがエチケットみたいな雰囲気ですらありましたっけ。

つまり、受け手たる新入社員に一方的に堪えることを強いた格好で、会社が、そして経済が回っていたのです。喉元すぎれば熱さを忘れるで、そんな苦痛を新人時代に経験した層が上にいくと、俺も耐えたんだからと軍隊の順送りのように下の世代にその体質を繋いでいきます。

このような地盤が作られると、体育会系運動部は企業戦士養成所として変容していきます。そして、運動部自体の成績そのものよりも、大企業への人材輩出力こそがその運動部の優劣を決定します。その部に入れば、大企業への就職が約束されるとの評判が高まると、ますますその気風は温存されていくことになります。

かような流れは、右肩上がりの経済成長の状況では、合理的に機能しました。やがてパワハラ受忍型社員の増加は、低成長価値観多様化の時代にはそぐわなくなっていきます。

極論かもしれませんが、そんな歪みの象徴が日大アメフト部の危険タックル問題ではなかったかと思います。旧態依然とした体質だった部で、「やらなきゃ意味ないよ」と言われたのは、平成生まれの、昭和の価値観とはかけ離れた若き罪なきひとりの学生だったのです。ひと昔前の学生だったのならば上手にやり過ごせた案件を、言葉を額面通りに受け止め危険タックルに及んだのが、かの真面目な現代風好青年だったのです。かつての部員ならば、試合中にあくまでもグレーゾーン内で、うまい具合に「やらなきゃ意味ないよ」的な応対をこっそりしていたのかもしれません。

その後に出てきたのが、パワハラの権化のような、アマチュアボクシング界を牛耳ってきた山根会長でしょう。昭和の時代まではかようなドン的存在がもてはやされました。めんどうくさいダークな出来事などが起こると、ああいうタイプがトラブルバスターとして求められたのでしょう。厄介事を押しつけてきた結果、肥大化したモンスターこそ山根会長だったのではないでしょうか。

昭和のスポ根漫画よろしく、監督や先輩らの無茶振りに耐えて、ひとつの目的を達成する姿勢自体は決して否定しません。大事なのは、その心根を大切にしながら表に出てくる部分の言葉などは現代的価値観に即してソフトにするなどの工夫です。日大の監督とコーチも山根会長も、昔ながらの指導法や処理法に固執し、受け継いだ体質をそのままにしていたのが悲劇をもたらしたのです。

長くなりましたがなにが言いたいのかというと、やはり大切なのは「アップデート」だということなのです。アップデートすべきはアマチュアスポーツ界だけではありません。どの分野でも必要なのが、アップデートという工夫なのだと確信します。いわんやゲン担ぎをや。ゲン担ぎもある意味、今風に表現するならばアプリです。昔から伝わっているものを継続させるのみならず、日々更新させるべきなのです。

具体例を申し上げます。酒を断つというゲン担ぎでなにかの願いを叶えたなら、次はそこにラジオ体操を加えてみるのはいかがでしょう。ゲンを担ぐだけでなく、さらに体も健康にもなります。ほかにも、神社仏閣巡りならば、パワースポットのみならず近所の氏神様を毎日訪れてみるなど、更新を日々施してみるのです。

つまり、ゲン担ぎにアクセントをつけてみたらいかがでしょうかという提案です。ルーティン化に陥りがちな行為に新たな発見をもたらすかもしれませんよ。昔からのことをそのまんまやっていてもダメ。そういう時代なのです。

5. 大事なのは継続すること

ゲン担ぎとは、未来志向だと申し上げました。誰もが未来は不安なのです。学校の先生が手にする指導要領のような、人生の答えが書かれているガイドブックを携えている人は、誰ひとりとしていません。だからこそ、誰もが先の見えない未来や将来が不安なのです。

そこで、少しでも不安を解消しようと、人は神仏に頼ったり霊山と呼ばれる山に登ったり、交通が不便な場所に位置する神社を訪れたりするのです。つまり、それは恐怖と不安からの行動なのです。人間とはかくもいじましい生き物なのであります。

そう考えてみると、いわゆるパワースポットというのは、その場所自体にパワーがあって霊験あらたかというよりも、僻地《へきち》にある場所を訪れるだけのパワーや気力がある人ならば、なにをやってもうまくいくということなのかもしれません。実際、そういう場所はお金と時間にゆとりのある人しか巡れないかもしれないですし。

こうしてみると、ゲン担ぎは未来への投資にも思えてきます。終わってしまって、書き換えのできない過去に対して、未来は未知数で不安要素だらけですが、これから書き進めて変えていくことができるという意味では、見えない道とはいいながらも、過去よりも未来のほうが前向きに受け止められるような心持ちにはなりますな。そんな暗闇の中の、ひと筋の灯りとなるような行為がゲン担ぎなのかもしれません。

例えば酒断ちならば、酒を飲み続けてきたことのマイナス部分を捨象《しゃしょう》することを意味します。つまり、完了してしまった過去ときちんと決別し、新たな世界を切り拓き希望あふれる未来を作っていこうとすることを、酒を断つということで全能たる神仏と取り引きしようという行為であります。ゲン担ぎという名の決意表明ですな。

わたしの師匠談志は、常に「現実が事実だ」と言っていました。非常に厳しい物の見方です。俺はもっと努力すれば成績が上がるというような中二病のような学生がいますが、その努力という言葉に対してまで、談志は「バカに与えた希望だ」と斬って捨てていました。解説すると、ゲンを担ぐということなら誰にでもできる。大切なのは実際にゲンを担ぎ続けているという現実なのだということなのでしょう。

口先だけの宣言（理想）ではなく、それを継続する現実のみを前提とする人生を、実際に談志は歩み続けてきました。命がけで貫き続けて現実と向き合うことでしか、未来は切り拓けないんだぞという魂の叫びのような響きがそこにはあります。

つまり、現実が事実だという宣言こそが、知らず知らずのうちに談志にとってのゲン担ぎになっていたのです。なによりもそんなゲン担ぎを命がけで実践し続けてきたからこそ、あの名声を得たのではとすら思えてきます。

そういう意味で、談志が開設した立川流というのは、夢物語的にされがちな理想郷ではなく、過酷な現実と格闘し続けた果てに獲得した目的地だったのではと推察します。

周知の通り、談志は昭和58年、弟子の真打ち昇進試験を巡る諍《いさか》いから、師匠である柳家小さんに破門され、落語協会から独立しました（向こう側では「追い出した」とのことですが）。

「周囲からの雑音をシャットアウトできたから、自分の思い描いた落語だけを続けることができた」とはよく言っていましたが、「設立当初はうちの師匠ですら、仕事がなかったんだぞ」と談春兄さんに聞いたことがあります。

立川流は、師匠が頭の中で描いた温室ではなく、泥の中をさまよい歩きながら到達した未開のジャングルというようなイメージでしょうか。事実、その後諸先輩方が羽ばたいていくまでの間は、かなりの時間を耐え忍んできたと想像します。

絵空事の世界から描くような空想画をゴールにするのではなく、目の前の嘘をつかないリアルな魑魅魍魎《ちみもうりょう》のような社会をスタートラインとして始めていく落語家人生。ほんと辛かったはずです。

不確定要素が強い未来に対するサーチライトとして、行く手を正しく照らすべきものこそが、ゲン担ぎなのです。

いや、そういう匂いのするものを全てゲン担ぎだと受け止めてみてはいかがでしょう？　そう考えてみたほうが前向きになれるはずですし、なにより未来的な考え方です。ただのおまじないとか呪術的な意味合いにのみゲン担ぎを限定させておくのは、もったいないような気がしませんか。

それにしても、ゲン担ぎという観点から談志の言動をみてみると、あの人も命がけの努力家だったと、その姿が浮かび上がってくるような気がします。

6. できることを追求する

立川談志の18番目の弟子として入門したのは、平成3年4月19日のことでした。まだバブルが弾けていなかったか、弾けかかっていたことに大半の人たちは気づかない頃でもあり、ワコールを辞めてまで落語家になろうとする25歳の若者に、特に大学のOBらの反応は実に冷ややかなものでした。

いまでこそ、50過ぎの前座が出現したりと、前座のタイプも多様化していますが、平成初期は右肩上がりの景気がまだまだ続くような感覚があり、「なんでまた、ただでさえ食えない落語家になんか?」と会う人、会う人に聞かれたものでした。

いや、世間の景気とか外的な環境から発せられた質問ではなかったのかもしれません。学生時代にさほど落語はうまくもないと思われていた私に対して、そんな奴がよりによって落語界で一番厳しいとされている立川談志の元に入門して果たして大丈夫なのかという、私個人の資質からくる、質問というよりは詰問でした。

以来、案の定、天性のドジ振りを発揮し、師匠には蹴られまくりで、名前をもらうのにも手間取り、なかなか芽が出ない状況が長く続き、ほうら見ろとばかりにその軋轢《あつれき》は増幅傾向にありました。結果、前座9年半という下積み大王にまでなっていました。が、そんな前座という師匠の付き人としてのランクから、二つ目という落語家としてやっと頭数に勘定してもらうまでに時間を要した私でしたが、真打ちになるまではトータルで14年という、立川流の中では比較的早い出世となっていました。

師匠は真打ち昇進披露パーティーの時に、「虚仮《こけ》の一念だな」とまで言ってくれたものでした。そんな真打ちに至るまでの長い話を、とあるお寺の住職にすると、「それはまるで周梨槃特《しゅりはんどく》のようですね」と言われました。

周梨槃特とは、仏様のお弟子さんの中で一番愚鈍だった人で、自分の名前すら覚えられず背中に書いていたとのことです。周囲からは馬鹿にされ、落ち込んだ周梨槃特は、お釈迦様に仏弟子を辞めたい旨を打ち明けると、お釈迦様は、ではお前はなにができる？　と問いかけます。私には掃除ぐらいしかできませんと答える周梨槃特に、ならば掃除を極めてみよと提言しました。彼はその後、来る日も来る日も掃除に明け暮れます。一心不乱に、5年、10年、そして、20年と。ずっと彼のことを馬鹿にし続けてきた周囲も見る目が変わり、そしてとうとう彼は悟りを開くに至ります。

ひとつのことを極めれば、ゆるぎもしない不動の地位を得られるという、実に素晴らしい話ですよね。中島みゆきの『ファイト！』で唄われる「※闘う君の唄を闘わない奴等が笑うだろう」という歌詞に触れる度、この逸話をいつも思い出しますが、この周梨槃特こそゲン担ぎそのもののように思います。つまりゲン担ぎとは、非常にドライな言い方をしますと、目標達成までの絶対的他者との間で契約された交換条件ではないかと。絶対的他者とは周梨槃特にとってのお釈迦様であり、私にとっての師匠であります。目標達成までの交換条件として、周梨槃特には掃除が、私には真打ち昇進基準突破という課題があったのです。

逆から見つめてみましょう。周梨槃特は結果として悟りを開き阿羅漢《あらかん》という地位になりますが、結果を目標に置き換えると、来る日も来る日もやり続けた掃除は、まさにゲン担ぎに相当していたともいえます。もしかしたらあまりのその覚悟の強さに、お釈迦様が折れたのかもしれません。

継続は力なり。つまり、力という大きなものをゲットするためには継続しかないということなのです。才能がないなどというのは嘘こけで、才能は最初から天賦のものとして付与されるものではなく、継続によって最後にもたらされる福音、もしくは果実というべきものです。最後に咲く花、それが「才能」なのです。

余談ですが、この周梨槃特をモデルとして作られたキャラクターが、赤塚不二夫さんの『天才バカボン』に出てくる、あの掃除ばかりしているレレレのおじさんとのことです。作者ご本人がもうこの世にいないため確認のしようがありませんが、なるほどなあとは思えますよね。

うがった見方をあえてすれば、虚仮の一念というような生き方は周梨槃特にしてみれば一番効率の良いゲン担ぎではなかったのかとすら思えてこないでしょうか？　誰もがそのレベルまでのゲン担ぎをすれば、想像もできないステージに上がることができるのだという逸話を後世に残すために、周梨槃特というエピソード要員をお釈迦様はキープしたのかもしれません。大事なのは、短時間で目的地に到達することではなく、どんなに時間がかかってもきちんと目的地にたどり着くことなのだと思います。

いや、そういう目指すべき地に達するために、一番大切な時間をかけるべきではないでしょうか。人生100年といわれる昨今、大切なのは、効率的に動くことではなく、効率という概念自体を変えることではと、密かに信じています。

※中島みゆき「ファイト！」より引用

ひたすら
手を合わせるのみ

第2章

ゲン担ぎであふれる落語の世界

7. 寄席文字と一番太鼓はゲン担ぎ

言葉に魂が宿るという宗教的な思考から、言霊《ことだま》という単語が生まれました。我が国はまさに言霊のさきわう国であります。これは、八百万《やおよろず》の神々があふれる国ならではの発想だなあと感じます。つくづく言葉はお金のかからない最高のプレゼントではないかと。

いや、言葉がプレゼント、すなわち受信者への贈り物だと一瞬でも思ってみるだけで、発する言葉も変わってくるのではないでしょうか。そんな日々の気遣いあふれる贈り物を続けていたら、贈り主たる発信者、つまり喋り手の人格も磨かれていくと、信じています。

コミュニケーションにまつわる講演などをよく依頼されますが、なにも難しい横文字を駆使しなくても、言葉は贈り物という意識を持つだけでガラリと好転しますよといつも訴えています。

言葉というのは、センシティブなものです。政治家が失言で辞職するぐらいのものなのですから。たかが言葉の使い方ぐらいでという方もいますが、それは受信者サイドへの影響力を全く考慮していない、言葉に対するセンスのなさの表れです。撤回しますといっても撤回できないのが言葉なのです。

まして、書き言葉には余計に神経を使います。形に残るのですから。だから、こうして本として文字を一字一字刻むのにも、編集者や校正者がいたりと、二重三重のチェックを受けます。いわば贈り物に危険物がないか、空港で受けるX線チェックみたいなものでしょうか。

無論、話し言葉として外へ放出する前にも、脳内で、これから自分が話す言葉が相手にどのような感想を持たれるだろう、自分の発する言葉が聞き手にどのような影響を与えるだろうと瞬時にチェックすることが大切です。優れた話し手は即座にそのように対応しているはずです。

なにが言いたいのかというと、言葉というものは、それほどの取り扱い注意物件なのだということです。

精密機器みたいなもので商売をしている我々落語家は、尚更なのです。だからこそ、伝統というものを重んじる空気が自然に漂うのかもしれません。なにも、古い話をしているから古いしきたりを大切にしているというわけではないのです。

伝統の中で生きていくからこそ、身につけなければいけないエチケットや作法を習得するための期間として前座修行があるのだと思えば、やはりこの徒弟制度って案外合理的なんだなあと思います。長いしきたりの中で言い伝わっているゲン担ぎで、いいなあと思うのが、一番太鼓と寄席文字です。

開演30分前、開場と同時に叩くのが一番太鼓です。先輩から叩き方を教わるのですが、まだ見ぬお客様に向かって、今日もたくさんいらっしゃるようにとの願いを込め、「どんどん、どんと来い」というリズムで叩きます。大入り満員を願いながら、これから落語の世界で生きていこうと決意した若手の前座が叩くのは実に理に適っています。私も前座時分、何度叩いたことでしょうか。

落語会はこの国で毎日何百回と開催されています。小さな会であれ、大会場であれ、どの落語会からも必ず聞こえてくるはずのこの太鼓の音色には、今日だけでなく明日以降の未来にも、全ての落語会にお客様が大勢いらっしゃいますように、との全落語家の思いが込められているような心持ちすらします。

過去の前座がそうしてきたように、未来の前座たちもそうしてバチを握っていると思うと、自分も落語を繋ぐ一員であるような自覚が芽生えてくるようで本当に嬉しくなるものです。

そして、落語会が終わって、お開きになると叩かれるのが追い出し太鼓です。これは、「出て行け、出て行け、どんどん出て行け」と一番太鼓とは真逆の意味合いで叩かれます。最後は錠をかける音としてバチで太鼓の周囲をこすり上げる音を鳴らすほど徹底させます。優しく招いたはずのお客様を一瞬乱暴な格好で追い出してしまうのですが、今日のことは今日一日で全ておしまい。明日はまた一から始めますという、仏教用語の「一日一生」にも似た感覚は、さっぱりしていて清々しいものです。

また、めくりなどに使われる寄席文字も、相撲文字より柔らかく、歌舞伎文字より固くという中道を保つのがコツです。そして、一番は「みっちりお客様にお越しいただき、お詰めいただくように、余白がないように書く」とされています。

後付けなのかもしれませんが、歴史として受け継がれてきたことを考えると、ルーティンのような行為の中にそのようなゲン担ぎのある世界は、しみじみといいなあと誇りに思っています。

8. ゲン担ぎ落語「元犬」

ここからは落語の世界でくり広げられるゲン担ぎを紹介します。

【「元犬《もといぬ》」あらすじ】

浅草は八幡様に懐いていた白犬がいた。人懐っこく誰からも可愛がられ、「白い犬は人間に近い」「お前はきっと人間になれるよ」などと優しくいわれているうちにその気になり、一念発起して八幡様にお百度を踏みに行く。三七二十一日、満願の日。祈っているとなんと毛がたちまちのうちに抜け、あっという間に人間になることができた。大喜びした犬だったが、素っ裸。奉納手ぬぐいを腰に巻いてなんとかやり過ごし、ひょんなことから口入れ屋（職業安定所）に面倒を見てもらい、そこで、変わり者が大好きだというご隠居宅にお世話になることになる。事情を話すと、天涯孤独というところで同情される。「名前は」「シロって呼ばれてました」「四郎吉とかかい？」「いえ、ただ、シ

口です」「お、忠四郎さんかい」とたまたま良い名前までもらって働くことになり…。

一心不乱の大切さが前向きな誤解を産む

この噺《はなし》は特に落語初心者の女性に人気のあるネタです。白い犬が人間になるというのが、ソフトバンクのコマーシャルよろしく親近感を抱かせ、ほのぼのとした空気感をかもし出すからでしょうか。なんとなくディズニーっぽいメルヘンな展開が和みをもたらしてもいます。犬が人間になりたいと八幡様に日参をするという絵もペーソスが漂うような気もします。

ここでうがった見方をしてみます。犬ですら神信心《かみしんじん》をするのだから、いわんや人間をや、という具合に見つめてみると、もしかしたら、八幡様のご利益を訴えようとした作者の意図なのかなあと、つい下衆《げす》の勘繰りをしたくなります。もしかしたら、犬畜生と呼ばれるべきジャンルのものたちの願いすら神様は聞き届けてくださるのだから、このシロのように一心不乱にお参りしなさいということを主張するための、ＰＲ落語なのかもしれません。

それにしても、いつもこの話を聞いて思うのが、果たして人間になりたいと思う動物なんているのかなあという思いです。犬は忠犬ハチ公のように、忠義を尽くすことで、代々人間に寄り添ってきました。人間の顔色を伺うことで、餌と安心した居住空間を得てきたともいえます。

そして、愛玩《あいがん》用となった現代でも、狩猟時代からの人間を守る遺伝子を受け継ぎ、吠えることで飼い主に役割を訴え続けています。対する猫はというと、気を遣うのはむしろ人間のほうのような気がします。猫の自由気ままな振る舞いに、まるで人間が惚れた弱みにつけ込まれるかのような可愛がり方をしてしまう点で、明らかに犬とは一線を画しています。

そういう意味でも人間になりたがるのは、猫ではなく犬のほうなんでしょうなあ。『元猫』だとしっくりこないはずです。猫が天才型なら犬は努力型であるともいえます。努力型だからこそ、コツコツとゲンを担ぐ姿が、ピッタリと似合うのかもしれません。そして、神様はやはり努力するものを裏切らないという健気な願いにも繋がっていくのが、日本人の好む図式でもあります。

さらに、この噺の面白さのカギは変わり者好きのご隠居さんなのだと思います。人間は偏見で動きます。元は犬だった男を、親兄弟と縁の薄いかわいそうな若者とご隠居さんが脳内で勝手に変換し、その同情心から面倒見ることを約束してしまいます。

ただ人間になりたいという願いを神様が叶えてあげるだけではなく、優しく、そして、なによりそそっかしいご隠居さんをあてがって、勤め先をも確保させてしまうという、叶えた夢に対するアフターケアまで施してしまうなんて！　この忠四郎くんは、ゲン担ぎの後にツキまくりのラッキー人生を謳歌しているのです。

シロが「今朝ほど人間になりました！」と白状めいたオチを述べた後でも、きっとこのご隠居さんは「そうか、人間になったばかりですとは、なんて謙虚な物言いをする若者なんだろう。ほんとスレていないなあ。ずっと面倒見るからね」などと、仏のような言葉をかけ、ずっとそばに置いているはずです。

夢を実現させるというすごさだけではなく、叶えた夢をさらに大きくしてしまうのが、ゲン担ぎの本質なのかもなあと思いたくなる落語であります。

一生懸命にゲン担ぎをしていけば、きっとこんな理解者に遭遇できる。簡単な前座噺の中から燦然《さんぜん》と浮かび上がってくる真理といえば大げさかもしれませんが、ほんとそう思いたくなる一席です。

9. ゲン担ぎ落語「鰍沢」

【「鰍沢《かじかざわ》」あらすじ】

身延山《みのぶさん》参詣をすませた旅人が、大雪に遭って山中で道に迷い一軒家に助けを求める。泊めてもらったお礼にと旅人は財布から銭を渡すが、その財布の中の大金に、かつて吉原の遊女だったお熊は釘付けになる。お熊は旅人を卵酒でもてなすが、実はその卵酒はしびれ薬入りで、旅人を殺し、金を奪い取るつもりだったのだ。それを知った旅人は、ほうほうの体で吹雪の中逃げ出すが、お熊は亭主の鉄砲を持って追いかける！　旅人は、小室山《こむろやま》の毒消しの護符を飲み込み、なんとか体の自由を確保しながら崖まで逃げるも、雪崩《なだれ》が発生し真っ逆さま！　ギリギリのところで川岸のいかだにつかまった。ところが今度はいかだが流れ出す。すると、お熊はそれを見据えて鉄砲を撃つ！　間一髪難を逃れ、いかだの紐が解けてバラバラになる！　旅人はいかだから一本になった材木につかまり、題目をとなえながら川を流れていく。命からがら助かったのだった。

「大難を逃れたも、お祖師様《そし》のご利益。おザイモク（＝お題目）で助かった」。

良くできたゲン担ぎプロパガンダ落語

言わずと知れた落語界の中興《ちゅうこう》の祖・三遊亭圓朝《さんゆうていえんちょう》がこしらえた落語です。三題噺といい、即興で「鉄砲」「小室山の毒消しの護符」「卵酒」の3つのキーワードから作ったというもの。圓朝自身は東京下谷《したや》の全生庵《ぜんしょうあん》にその墓があるぐらいなので、宗派は臨済宗《りんざいしゅう》かと思われますが、想像するに、この噺は日蓮宗側から依頼があって作られたのではないかとさえ思いたくなるような展開です。

ま、証拠やらデータがあるわけではないのであくまでも下衆の勘繰りであります。あ、ちなみに談志は「下衆の勘繰りってとても大切なんだぞ」と言ってましたっけ。「落語家は野次馬根性がなきゃな」ともよく言ってたものです。ワイルドな感性で世の中の常識を疑ってみろ、それが本当のネタ作りなんだと、弟子たちに発破をかけたかったのかもしれません。

話は逸れましたが、三題噺のキーワードのひとつに小室山の毒消しの護符があるあたり、やはり日蓮宗からのプッシュの匂いを感じますな。実際私も、世界三大荒行の現場である日蓮宗は中山法華経寺《ほっけきょうじ》でいただいた護符で、風邪が緩和された思い出もありますんで、肩を持ちたくなります（笑）。

三題噺の会の席上に関係者がいたのでしょうか。いたとしたら、あの圓朝ならお金というよりは、その人を含めその場にいた人すべてを唸《うな》らせて、後世に残るような噺にしてやろうという気概から作成したのではと想像します。もし、日蓮宗サイドからギャラの提示を受けたら、江戸っ子の生き残りのような圓朝。きっぱりと『文七元結《ぶんしちもっとい》』の長兵衛《ちょうべえ》親方よろしく断っていたに違いありません。

毒消しの護符のおかげでしびれ薬の毒から立ち直り、その後、雪崩に巻き込まれ、ジェットコースターさながらいかだに乗り込み、さらにその材木が切り離され、お熊からの銃撃からも逃れて助かった挙句、ラストのひと言たるオチが、「お題目」と「お材木」とに引っ掛けたダジャレでのフィニッシュ。

信じる者は救われるという意味でまさにゲン担ぎですな。私が日蓮宗の僧侶なら涙を流して喜ぶはずの展開です。

細分化し、それぞれ独自に発展したのが日本仏教の特性といわれています。一見バラバラのようで、他宗が他宗の悪口をいっていいそうな雰囲気すらありますが、そんな風情は全くありません。

ま、そこが日本人のいい意味でのアバウトさで、地方の落語会では、○○地区仏教会というグループに呼ばれたりすることが多々あります。宗派関係なくお坊さん同士が仲良く打ち上げで飲んでいたりするのを見る度、好ましく思うものです。このあたりの緩さが、談志に「仏教批判そのものだ」と言わしめた『蒟蒻問答《こんにゃくもんどう》』というネタですら、おおらかに受け入れる土壌に繋がっているのでしょう。

要するに日蓮宗の必須アイテム・護符と題目とを取り入れながらも、その大元の仏教の根本である因縁という業の深さを感じさせるような構成になっている点、つまり日蓮宗のみならず仏教の器の大きな世界観を説いているところが、この噺の眼目ではないでしょうか。

ところで、このネタ、情景描写のみで笑いもない人情噺です。ゆえに落語家として語りだけでいかにお客様を惹きつけられるかという意味でのゲン担ぎから、やってみたい噺のひとつでもあります。

10. ゲン担ぎ落語「文七元結」

【「文七元結《ぶんしちもっとい》」あらすじ】

本所達磨横丁《ほんじょだるま》に住む左官の長兵衛《ちょうべえ》は、腕は良いのに博打《ばくち》好きで借金を抱える日々。年末の押し詰まったある日、半纏《はんてん》一枚で長兵衛が賭場《とば》から帰宅すると娘のお久《ひさ》が家を出たまま戻って来ないと女房が泣いている。そこに吉原《よしわら》・佐野鎚《さのづち》の使いがやって来て「娘さんはうちに来ていますよ」。慌てて佐野鎚に行くと女将が言う。「お久は、おまえさんの借金を見るに見かねて、自分の身を売ってなんとかしようとひとりで来たのだ」と。そして、「来年の大晦日までに金を返せば綺麗な身のまま返すが、一日でも過ぎたら女郎にさせる」と長兵衛に50両を差し出す。

金を懐に入れた長兵衛は、吾妻橋《あづまばし》で身投げをしようとしている近江屋《おうみや》の若い男・文七と出会う。「集金した50両の大金をすられてしまい死んでお詫びをしよう」と涙ながらに訴える文七。押し問答の末、とうとう長兵衛はお久がこしらえた50両を文七に叩きつけて去ってしまう。店に戻った文七はなくした50両は、実は置き忘れていただけだったことを知る。そして吾妻橋での出来事を主人の卯兵衛《うへえ》に告白した。

翌日、ふたりは長兵衛の長屋へと出かけて行き、卯兵衛は見ず知らずの若者の命を救うために大金をやってしまう長兵衛の心意気に惚れたと訴える。そして文七を養子に入れ、近江屋と親戚付き合いする約束を交わす。そんな折、卯兵衛に見受けされたお久が着飾って舞い戻ってきた。この後、文七とお久が夫婦になるという噺。

博打《ばくち》とはゲン担ぎの記号化

この噺も、『鰍沢』をこしらえた圓朝《えんちょう》の作です。時代は江戸から明治へと移り変わり、薩長土肥《さっちょうどひ》が跋扈《ばっこ》する世の中で、ふんぞり返った時の権力者たちが、「江戸っ子とはどんなもんだ?」と上から目線で圓朝に問いかけたのに対し、「これが江戸っ子の心意気でさあ」とアンサーソングのような形で作ったといわれています。

拙著『人生を味わう古典落語の名文句』（PHP研究所）にも書きましたが、この噺、全編博打打ちの話なのです。博徒《ばくと》の長兵衛を、身を売って立ち直らせようとしたお久、それにほだされて50両を渡す佐野鎚の女将、なくしたと思った金のために身を投げようとする文七、そして長兵衛の心意気に惚れ込む卯兵衛。博打打ちのオールキャスト、なにかに賭けている生き方です。

仮説ですが、博打とはゲン担ぎの記号化なのかもしれません。目に見えないものに、一番大切なお金やら命を賭けてしまうのですから見事にリスキーなゲン担ぎであります。

無論、それ自体は賞賛されるべきものでは決してありませんが、宵越しの金は持たないという江戸っ子の本分のような生き方もある意味博打で、それが積み重なった結果、江戸の経済がうまい具合に回転し続けてきたからこそ泰平《たいへい》の世が保たれたといえなくもありません。

そういう意味では、ゲン担ぎを圧縮して短期決戦化、つまり記号化したもの、もっというと極論化させたものが博打であるともいえるはずです。江戸っ子の気風《きっぷ》の良さは、そんな佇《たたず》まいから発生しているのでしょう。

長い目で見ると、人生こそ超長期的ギャンブルかもしれませんな。銭儲けという短絡的な行為に限定させることではなく、信じたもののために命ではなく時間をかけること。つまり、博打を軽減化させたものこそ、本当のゲン担ぎなのかもしれません。

「過ぎたるは及ばざるがごとし」

大切なのはほどほど感であるともいえます。酒と女性と博打は男をダメにする三道楽と昔からいわれていますが、酒と女性が体力の衰えとともに弱まるのに対し、博打は骨が舎利《しゃり》になるまでやってしまうから怖いと伝えられています。

前述したように、人生自体が長い目では博打なんだと俯瞰《ふかん》で見つめてみることが、短期決戦たる博打をほどほどにするブレーキとして作用するのではないかと密かに思っています。

こういう捉え方は、結果として人生を大切にすることにも繋がるのではないでしょうか。目の前の小銭のために大事な人生を棒に振らないことこそ、長期的ゲン担ぎなのだと確信します。

そしてこんな生き方を続けていくと、負けるが勝ちみたいな了見にたどり着けそうな気もします。人生はトーナメント戦ではなくリーグ戦なのですから。

11. ゲン担ぎ落語「後生鰻」

【「後生鰻《ごしょううなぎ》」あらすじ】

とあるご隠居さんは、信心の度が過ぎる人。とにかく生き物を殺さないのがモットー。ある日、浅草の観音様詣での帰りに鰻屋の前を通ると、親方がいままさに鰻を調理しようとしているところ。「鰻を殺すのか！　殺生はいけない！」とご隠居は鰻屋と掛け合い、2円で鰻を買い取って前の川にボチャーン。「あー、いい功徳《くどく》をした」。翌日、同じ鰻屋の店先で押し問答の末、また2円で購入。そして同じようにボチャーンと逃し、「あー、いい功徳をした」。こんな日が続き、ついにご隠居はその鰻屋の大のお得意先様となる。ところがその後、ぱったりと来なくなってしまう。

あてにしていたご贔屓《ひいき》が来ないので、儲けが減ったと嘆いている鰻屋夫婦だったが、久しぶりにそのご隠居がやってきた。よし、儲けようと「鰻を出せ」と女房に指示するが、仕入れてないことが判明。この際生き物ならなんでもいいと、女房が背負っていた赤ん坊を裂き台の上に乗せ、包丁をかざす。
それを見て驚いたご隠居。「おいおい、どうする気だ？」「蒲焼きにします」「馬鹿野郎。なんてことをする」。ご隠居は赤ん坊を１００円で買い、前の川にボチャーン！「あー、いい功徳をした」。

ゲン担ぎの極論化を嗤《わら》うこと＝原理主義の否定

短いながらもウケるので、いわゆる逃げ噺といわれているネタです。オチがブラック過ぎるということで、歌丸師匠は赤ん坊を女房に変えて演出していました。金をもらって女房を差し出し、隠居はその女房を前の川へボチャーン。そこで旦那が「あー、いい功徳をした」と。

これはこれで面白いかもしれませんが、世知辛い現代ですと、ともすれば女性蔑視だとされかねません。いやはや、本人にそんな意志はなくても、受け止める側の判断に委ねられているのが怖いところであります。当たり前なのですが、要するに言葉は受け手のものなのですな。

私がこの噺をやる時は、親父自ら裂き台の上に横たわり、自らを売ろうとする演出にしています。そして隠居に自らを買ってもらい、前の川にボチャーンと落ちて、女房に「あー、いい功徳をした」と言わせています。このご時世、困った時は自虐ネタが一番安全なのかもしれません。

このネタはズバリ、いくら良いことでも極論化するとダメだよと言い放っていると確信します。前項の、「博打はゲン担ぎの極論化」にも繋がります。

一番大切なものを、目に見えないもののために賭ける行為自体は尊いはずのものなのですが、自分の手に負えないレベルまで達すると身を滅ぼすのが博打の怖いところなのです。

いくら薬酒《やくしゅ》が体に良いからといっても、毎日1升飲んでいたらアルコール中毒になってしまいます。食品添加物はいけないと全く加えずにいると保存状態が悪くなり、食中毒も増えるのだとか。大事なのはバランスでしょう。

それと同じで、生き物を殺さないということも、大事な未来への投資、つまりゲン担ぎでありますが、行き過ぎるとこの落語のオチのようになるよと黒い笑いで戒めているのが『後生鰻』なのかもしれません。

どうも日本人は根が真面目で、それゆえここまで発展もしてきましたが、真面目を極め過ぎたことで、この国の停滞に繋がっているようにも思います。

極論化、すなわち原理主義の根本は真面目です。真面目は自己チェックを拒否するから怖いのです。パワースポット巡りが強運をもたらすといっても、毎回数十万もお賽銭箱に入れ、自己破産をしたらそれはナンセンスですよねえ。

このご隠居さんも、地道な功徳の積み重ねによって、長寿と生活の安定は手に入れました。毎日ムダ使いができるレベルの生活を送っていられるのですもの。これは日頃のゲン担ぎの賜物といってもいいはずです。

が、あまりに真面目ゆえの厳格さが、かようなオチをもたらすかもと、警句のようにじわじわ響いてくるようではないですか？　なんだか、平和のためなら戦争さえも認めるみたいな主張に繋がる感じがします。

原理主義は誰も幸せにしません。日本の仏教は、和尚さんの妻帯を許したから、ここまで繁栄してきたという人もいます。戒律というのも原理主義っぽい響きがしますもの。それにしても、落語ってほんと深いんですなあ。

12. ゲン担ぎ落語「千早振る」

【「千早振《ちはやふ》る」あらすじ】

町内のご隠居は「先生」と呼ばれもてはやされているが、実は知ったかぶりの人。ある日長屋の八五郎が訪ねてきて「娘が百人一首に凝ってしまって在原業平《ありわらのなりひら》の『ちはやふる 神代《かみよ》もきかず 竜田川《たつたがわ》 からくれなゐに 水くくるとは』という歌の意味を教えてもらいたい」と。ご隠居もこの歌の意味を知らないくせに知ったかぶりで頓珍漢《とんちんかん》なことを言い出した。

ご隠居曰く、「江戸時代、田舎相撲で大関までなった力士の竜田川が、江戸相撲でもその名を馳せようと、女断《おんなだ》ちをして3年精進した末、立派な大関にまで昇進した。では、その願ほどき（お礼参り）をしようと行った吉原《よしはら》で千早《ちはや》という花魁《おいらん》に一目惚れしてしまい口説きにかかるが、竜田川は振られてしまった（千早振る）。

ならばと、次に妹分の神代《かみよ》に言い寄るが、「姐さんが嫌なものはわちきも嫌でありんす」と、言うことを聞かない（神代も聞かず竜田川）。女断ちまでして得た現在の地位なのにと竜田川は悲観し、力士を廃業。故郷に戻って父親の営む豆腐屋の跡を継いだ。

3年後、竜田川の店にひとりの物乞いがやってきた。やつれ果てたその物乞いに「おからを分けてくれ」と言われ、あげようとした竜田川だったが、相手の顔を見て驚いた。なんと以前に自らを振った千早太夫《たゆう》の成れの果てだった。竜田川は、千早を突き飛ばした。千早は、前非を悔いて、井戸に飛び込んだ（「からくれなゐに水くくる」）。

きょとんとする八五郎に、隠居は「これが本当の意味だ」と解説し、強引に説得するが、八五郎も折れない。「最後の『とは』は何です？」と突っ込む八五郎。そこで隠居、苦し紛れに「『とは（とわ）』よく考えてみたらそれは千早の本名だった」と。

断ちものと願ほどきの絶妙なバランス

断ちものを明示させて、神様と契約するような形で、ストイックに精進をする。これぞまさにゲン担ぎそのものの行為です。願をかける落語は『元犬』『景清《かげきよ》』『心眼《しんがん》』などなどいろいろありますが、いずれも神社仏閣への熱心な参拝で成果を得る噺です。

具体的に女性を断って目的を遂げる展開になるというのは、この『千早振る』くらいでしょうか。俯瞰《ふかん》で見ると落語の背景となる江戸の町が、欲望に対しておおらかだったことの裏返しのようにも見えてきます。肉欲を3年も断たないと、厳しい世界に生きる相撲取りとしても出世できないのでしょう。

通常、願ほどきとは、願いを叶えてもらった神社仏閣へのお礼参りのことを指します。必死に願掛けするだけではやはり片手落ちです。願いを叶えていただいたら、きちんと感謝の意を表すためにお礼参りをしなければならないものなのだそうです。ま、人間関係と全く同じなのでしょう。日頃からお世話になっている人には盆暮れの挨拶が必要なのと一緒ですな。

この噺のすごいのが、女断ちは特に神社仏閣とは直接繋がりはないはずなのに、願ほどきと称してお女郎《じょろう》さんを買いに行く点であります。ここに江戸時代のバランス感覚を私は垣間見るのです。

願掛け、つまり断ちものが緊張を要求する行為ならば、それとは真逆な代償的行為が緩和なのでしょう。

女断ちをして大願成就したので、すぐさま吉原に行くなんて、よく考えてみたらまるで理屈には合ってないのですが、それを噺の中での戯言《たわごと》とはいえ、許し合う緩さが江戸時代が長続きした理由なのではと、幾分飛躍はしますが、そう感じています。

話は変わるようで変わりませんが、いまは亡きヨイショの達人といわれた古今亭志《ここんていし》ん駒《こま》師匠に、「あんちゃん（落語界で若手に対する呼称）、ご飯食べる時いただきますって言うだろ？　だったらトイレに入って大きいのが出てきたら、ありがとうって言わなきゃダメだぜ！」と言われたことがあります。

それを、作家の吉川潮《よしかわうしお》先生は、ウンコにまでゴマをする落語家と見事に言い切りました。そんな志ん駒師匠だったからこそみんなから愛される落語家人生を送ったのでしょう。

ゲン担ぎとは、神様への宣言行為を経て、夢を実現させるのだけが目的ではないのです。その先を包括的に考えて、アフターケアまで考慮できて初めて本当のゲン担ぎといえるのかもしれません。

食事の前の「いただきます」、食後の「ごちそうさま」、そして、トイレの後の「ありがとうございます」。徹底させると、ゲン担ぎがさらにパワーアップするはずです。

13. ゲン担ぎ落語「甲府い」

【「甲府《こうふ》い」あらすじ】

甲府出身の善吉《ぜんきち》は、幼い頃に両親と死別し伯父夫婦に育てられていたが、身延山に断ち物をして願を掛け江戸に出てきた。ところが、スリにやられて一文無しに。口入れ屋《くちいれや》に向かう途中、あまりの空腹から豆腐屋の店先のおからに手をつけてしまう。主人がわけを聞くと、涙ながらに語り出した。もとより情にもろい主人、自分も親代々日蓮宗だということを話し、お祖師様からの仏縁《ぶつえん》だと悟り善吉を雇うことにした。

「豆腐の行商に雨の日も風の日も、3年。みっちりと「豆腐ィ、胡麻入り、がんもどき」と熱心に売り歩き、お客を獲得していった。その働きぶりが主人の豆腐屋夫婦にまで認められ、ひとり娘のお孝と所帯を持つことになる。

仲睦まじい一対の夫婦ができ上がり、さらに店は繁盛することになったある日、善吉は両親の十三回忌と身延様へのお礼を兼ね、里帰りがしたいと主人に打ち明け、お孝とふたり連れ添って甲府に出かけることになる。常連客から「どちらへお出かけで?」と、問われ、善吉が振り向き「甲府(豆腐)ィ」、お孝が「お参り(胡麻入り)、願ほどき(がんもどき)」。

願ほどきもゲン担ぎになる

これも日蓮宗信者獲得のために作られたような名作です。落語らしく、オチがわかりやすく鮮やかで、見事なカットアウトとなっています。いつも思うのですが、オチを言い終わった後、お客様からなるほど! というようなリアクションをいただく瞬間は、落語家にとっての冥利《みょうり》の刹那《せつな》でもあります。調子良く語り終えてそんな場面に出くわした時、ああ、やはり落語家はお客さんと対話しているんだなとしみじみ思います。

この落語は逆算してオチから作られた噺のように感じます。日蓮宗を信仰すれば、善吉と同じくかような僥倖《ぎょうこう》に巡りあえるし、主人が盗み食いをした犯罪者に対してですら優しく振る舞えたのは、日蓮宗を信仰しているからで、その結果みんなが幸せになれるという、総合的に宗派の良さが表されている点が絶妙です。

原話が全くわからないところから判断すると、おそらく日蓮宗側からとある落語家に作ってくれと依頼があったのではと推察します。日蓮宗からしてみれば、経典《きょうてん》と宗旨《しゅうし》を面白くわかりやすく伝えられることにもなります。

作った落語家としてはその対価が支払われたはずですから生活も助かりますし、聞いているお客さんとしてはなにより楽しく良い心持ちになれるでしょう。さらには我々を含めた後世の落語家にしてみれば、著作権もなく、フリー素材として演じることも可能という、誰にとっても幸せしかもたらさない噺となっています。

前項でも述べましたが、ゲン担ぎと願ほどきはシンメトリーな間柄なのだと思います。困った時の神頼みよろしく、人は困った時や苦しい時に神社仏閣巡りをするものです。

見舞われた困難がクリアされると、今度は喉元過ぎれば熱さを忘れるで、大半の人は願ほどきを忘れて日常生活に没頭します。そしてまた新たな困難に出くわすと再び神社仏閣巡りをするという、そんな生き方をしてしまっています。

ここで考え方を変えてみてはいかがでしょうか。明石家さんまさんの座右の銘「生きているだけで丸儲け」という考え方に立脚してみましょう。つまり、ただでさえ丸儲けさせてもらっている手前、何事もなかったとしてもまずは、お礼参りに出かけてみるのです。困難な出来事に遭遇してなかったとしたら、尚更その感謝を込めてまず訪れてみる。そしてそれこそゲン担ぎだと定義してみてはいかがでしょうか？

神様からしてみれば、そんな風に接してくる者を邪険にしないはずです。ゲンを担いだら願をほどくというのは、緊張と緩和です。ヒートアップさせたらクールダウンさせる。片一方のみでは歪《いびつ》になるだけです。

この噺の後味が良いのは、無一文だったが生き馬の目を抜く江戸で所帯を持つまでになったという成功事例をもってメデタシメデタシではなく、そのアフターフォローたる願ほどきを地口《じぐち》とはいえ見事なオチとして大団円させているところではないでしょうか。エピローグを感謝で終えるなんて、最高のハッピーエンドです。

私事ですが、甲府は高校時代に過ごした思い出の町、第二の故郷です（あ、ちなみに私は上田以外全部「第二の故郷」だと信じて全国各地を回っていますが）。このネタ、いつか甲府でやってみたい噺であります。

14．ゲン担ぎ落語「紺屋高尾」

【「紺屋高尾《こうやたかお》」あらすじ】

神田お玉ケ池、紺屋六兵衛《こうやろくべえ》のところの久蔵《きゅうぞう》が寝込んでしまった。六兵衛が尋ねてみると、初めて訪れた吉原《よしわら》の花魁道中《おいらんどうちゅう》で見かけた三浦屋の高尾太夫《たかおたゆう》に一目惚れしてしまっての恋わずらいだという。親方が「金さえあれば会えるぞ」とハッパをかけるとそれを真に受け、久蔵は「3年で15両稼ぐ」と宣言し、そして持ち前のバイタリティで本当に大金を稼いでしまう。そこで親方が藪井竹庵《やぶいちくあん》という腕は下手だが女郎買いは名人という医者を先達に、久蔵を吉原に行かせることにした。竹庵の助言で、「紺屋の職人では門前払いだろうから流山のお大尽《だいじん》（金持ち）の若旦那という触れ込みにして、嘘の設定で会おう」という段取りを作る。首尾良く吉原に行くとたまたま高尾太夫もスケジュールがオフで、会えることになる。いざご対面。久蔵の3年越しの夢は叶えられ、高尾太夫とひとつになる。

別れの朝、高尾の問いかけにたまらず久蔵は本当のことを打ち明ける。「金持ちでもないただの職人です」と真っ青に染まった手を見せつけた。真っ正直な久蔵の口説きに高尾太夫が惚れ、「来年3月15日、年季が明けたら女房になる」と約束する。いままで以上に働く久蔵。そして、年が明け、念願の3月15日がやってきた……。

ゲン担ぎ=「バイタリティ」

兄弟子の立川談春《だんしゅん》兄さんは、この噺を「女性を口説くための噺」と言い切りました。さすが、明快、まさにそんな内容です。よく談志も「いいか、カネとか見てくれじゃないんだ、了見で口説くんだ。お前らだって沢口靖子を口説けないこともない」と久蔵の親方六兵衛よろしく弟子たちを励ましていたものです。なぜそこで沢口靖子さんの名前が出てきたかは甚だ疑問ですが、ま、当時の師匠の中ではこの高尾太夫に相当する女優さんが、彼女だったのでしょう。

仮説ですが、女性も男性も自分の未来を変えてくれる可能性の高い人を好むのではないでしょうか。誰しもそんな人にほだされてしまうのかもしれません。考えてみたら、企業の入社試験にしろ、プロ野球のドラフト会議にしろ、やはり問われるのは将来性。つまり、未来を変える可能性そのものですものね。

この本でずっと言い続けていますが、ゲン担ぎとは、未来を変える行為全般を指します。先程の仮説にこの考え方を代入してみますと、3年働いて15両もこしらえてしまった久蔵のバイタリティこそ最高のゲン担ぎだという結論が浮かび上がってきます。

虚飾の世界のトップに君臨する高尾太夫には、何百人という大金持ちから、カネにものをいわせたアプローチがあったはずです。きっと親の借金のカタに苦界に入れられた貧しい出自であるはずの高尾太夫にとって、それは地に足の着いていない絵空事のようにしか見えなかったのでしょう。

実感の伴わない大金より、元の自分の身分に限りなく近いはずの職人である久蔵が、たった3年という短期間で稼いだ15両のほうがひと際、眩しく輝いていたに違いありません。そして、そんなタフな人ならば、着飾った自分ではなく、素のままの本当の自分をさらけ出せるのではとの思いにかられたはずです。

談志の定義によれば、15両という結果のハッキリした了見に高嶺の花である高尾太夫が見事に落とされたのです。

あえて身も蓋もないことを言ってしまえば、吉方位やら、運やら、縁やら、大安吉日やら、パワースポットなど、どうでもいい。きっちりとコツコツ積み上げた結果と、その裏付けとなるバイタリティこそが、一番の目的を叶えてくれるゲン担ぎなんだよと、この噺を通じて体感できるような気がします。

ゲン担ぎの本なのにこんなことを言ってしまえば元も子もないようですが、こう捉えたほうが、怪しい霊感やら、占いやら、大事な自分の人生にマウントを取りにくるような、まやかしの類ときっぱりと決別できるのではと思っています。

女性のみならず、落語初心者のみなさんにウケが良いのがこの噺です。自分よりはるか上のランクの女性を口説くという単なる純愛ストーリーではなく、もっと大きな夢を叶えるための作法として、そこにより深いメッセージを読み解いているのかもしれません。

おっと、そういえば、前座の頃にこの噺をかけましたが、そのライブ録音をテープに落として、当時付き合っていたいまのカミさんに送ったことをふと思い出しました。モテるための講座や夢を叶えるための自己啓発セミナーになんか通うより、この噺をじっくり聞き込んだほうが絶対良いですよ。

しきたりを軽んじると
バチが当たるよ

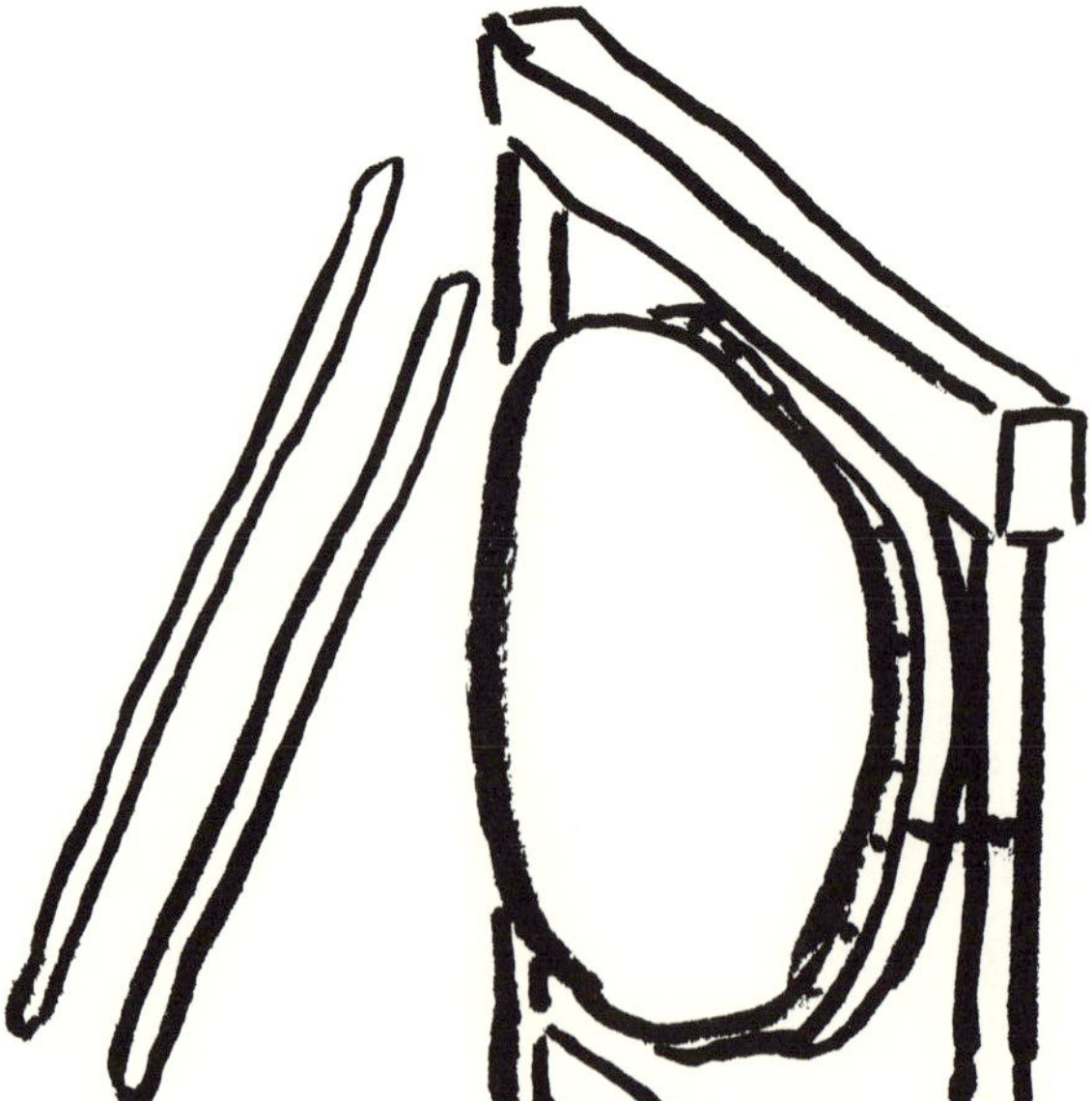

寄席太鼓

第3章

売れっ子の言動から学ぶゲン担ぎ

15. 売れている人は「開」の精神で生きている

私は作家の林真理子さんが主催する、エンジン01という団体に所属させていただいています。専門性を有する方々による壮大な学園祭アトラクションといった感じの組織ですが、要するに各界著名人によるボランティアサークルです。

何年か前からそこの幹部であり、また友人でもある、経済評論家の勝間和代さんのお声掛けで入会させていただきました。私はともかく、みなさま超メジャーな人たちで、刺激をいただいてばかりであります。先日、勝間さんが束ね役となったエンジン01が釧路にて大々的に開催されました。

全国的にも顔の知れた有名な方々による講演やトークショー、研究成果発表などを釧路市民は格安価格で楽しめるとあって、どの会場もにぎやかで大入り満員、札止め続出。私も3つのプログラムを担当し、そのうちのひとつが釧路市の中高生向けのハローワークと称するコーナーでした。

昨今の落語ブームからか、中高生が多数詰めかけてくれました。無論、落語を聞いたことのない学生さんたちがほとんどだったので、落語家になりたい人向けの職業説明などできるわけもなく、ひとまず落語のガイダンスから始まり、聞き方、楽しみ方に触れると、学生たちから「そこまで言うなら、ほんとの落語を聞きたい」という雰囲気を感じたので、スタッフに無茶を言って座布団を手配してもらい、急きょ『転失《てんし》気《き》』をわかりやすく口演しました。

その後会場を変え、一般市民を対象としたはじめての落語講座を。演芸評論家で料理評論家でもある山本益博《ますひろ》さんと、漫画家の東村アキコさんにナビゲートをしてもらいました。演目は『紺屋高尾』で、お客さんもノリが良く大盛況。東村さんは落語が初体験でしたが、涙を流して感動していました。

そしてラストは、私たちって変ですか？　というプログラムで、私、勝間さん、文筆家でタレントの乙武洋匡《おとたけひろただ》さん、作家の岩井志麻子さんの4人によるトークショーを。いやはや豪華ラインナップでした。

前後に仕事が入っていて、1泊2日という強行軍でしたが、女子マラソン銀メダリストの有森裕子さんと一緒に写真を撮ってもらったり、同郷である作家の猪瀬《いのせ》直樹さんや、女優の安藤和津さんと名刺交換し、ご本をいただいたりしました。帰りの釧路空港では、同い年でパティシエの鎧塚《よろいづか》俊彦さんにごちそうしてもらい、「さすがケーキ（景気）がいいですな」とふざけたことを話すなど、非常に有意義なひとときでありました。

前日に行われたウェルカムパーティや、当日の控室などでは、売れっ子特有の非常に澄んだ空気を感じ、メジャーの匂いを充分に満喫しました。この清潔感にも似た感覚はどこからくるのかと、ふと考えてみました。

ひとつには、どの方々もエンジン01に関してはボランティアとして、無償で取り組んでいるということからでしょう。やはり、金銭を問わず純粋に人のためになろうとする行為は、その場の空気を明らかに浄化させるものです。1時間で何百万円も取れるはずの人たちが、採算度外視でひたむきに事にあたる姿は、とても高貴で輝かしく感じました。

また、どの人たちも、「開」の精神なんだろうなあと、しみじみ思いました。

「開く」って、とても大事なことです。そこにいる以上、ある程度ふるいにかけられたような専門家の方々ばかりですが、自らの世界に閉じこもっているかのような「閉じている」風情を持つお方は皆無でした。

売れっ子は、常に心を開いた状態で人と接しているものです。開いていないと他者からの情報や感性は吸収できません。いまの地位に満足することなく、常に上を目指しアップデートさせ続けるのが売れっ子さんたちです。身も心もオープン状態にさせておかないと、さらなるハイグレードのステージには上がって行けないからでしょう。「開運」という言葉にある通り、常に開いている状態でないと、運も訪れないはずです。身も心も開いた状態、つまりそれは笑顔。そうなんです、売れっ子はみんな笑顔が素敵なのです。

暗いイメージで売っている俳優などは別として、名前と顔の一致する人は、おしなべて笑顔が似合う人たちばかりです。笑顔が似合うから売れたのか、売れてきたから笑顔が板についてきたのか、おそらく両方からのアプローチでしょう。

笑顔は自分の心を開くのみではありません。相手の心をも開いてしまう魔法でもあります。著名な学者でも、タレントさんでも、やはり売れている人たちは相手を無防備にさせる笑顔の持ち主です。

笑顔というゲン担ぎを売れっ子たちは知らず知らずのうちに積み重ねているのでしょう。

16．売れっ子は自然体でゲン担ぎを行う

売れっ子とは、今風の言葉でいうならばバズった人たちのことです。バズるとは、buzzという英語を日本語化したもの。和訳すると、噂話などでガヤガヤするという意味です。話題に上る人だからこその売れっ子という意味で、芸能人のみならず、あらゆる職業の人たちが目指しているのではないでしょうか？

メーカーは、他社よりもバズらせようと必死に商品開発をしたり、CMなど宣伝広告にお金をかけたりします。本もそうです。一冊の本が仕上がり、よりバズるようにと、タイトルをつける際には企画会議が開かれ、拡販のためのイベントに知恵を絞ります。そして書店さんの店頭では少しでも目立つ位置にPOPを置いたり、平積みしてもらうよう頭を下げまくったりするなど、涙ぐましい努力を重ねます。ほんと本を書くのも大変なのですが、売るほうがもっと大変なのです（みなさん、必死なので、この本もよろしくお願いします）。

一見関係なさそうなサラリーマンとて、人事査定という評価があり、さらには営業

マンなら売上げという数字などの指標があり、より周囲に影響を与えた、つまりはバズらせた人たちが出世します。

ところで、バズる人やモノ、その大元は一体なんでしょうか？　エンジン01をはじめとした会合などに参加させていただき、さまざまなジャンルのバズった人たちを見てきました。プライベートでも、そういう人たちと触れる機会が近頃増えてきました。そして、参考としてあらゆるベストセラーなどバズったものもチェックしてきました（ベストセラーは極力読むことにしています）。

共通項を探っていくと、バズるものからは「軽い」という匂いが浮かび上がってきます。軽いからこそ、人の口に上るのでしょう。そして、軽くするための作法が、前項で申し上げた「笑顔」に繋がっていくのではと思います。

例えば、権威のある大学の教授でも、バズった人ともなると笑顔が似合う人のはずで、笑みがあると周囲は明るく感じて親しみやすさが増します。先生の研究がどんなに素晴らしいものだとしても、雰囲気が暗かったり、笑顔を浮かべない重苦しい人だったりしたら、決してバズることはないでしょう。

それほど、笑顔の重要さが問われています。重厚な佇まいの人でも、一気に互いの距離を縮めてくれるもの、それが笑顔なのです。つまり、笑顔が人を相対化させるのです。

また、人ばかりではありません。バズっている書籍は概ね、軽い文体です。「わかりやすい、面白い、ためになる」の三拍子がヒットの条件とはよく聞きますが、読んでいて思わず笑みのこぼれる文章は売れ行きもいい。やはりここでも笑顔がキーワードになっています。

こうなると、バズった人のしたたかな戦略が浮かび上がってくるような感じがします。つまりバズり成功者たちとは、自分の言動が受け手にどのような明るい印象を与えるか、を常に考えキープし続ける人たちではないでしょうか。

笑顔という表情を発信するだけでなく、ラジオだと声の印象、文章だと面白い内容をと、受信者の五感に常に笑みが伴うように振る舞っているのが、売れっ子たちなのだと思います。

売れっ子たちは、そういう訓練をきっちり積み重ねた笑顔の達人たちです。自分の言動を、他者に影響を与えることができる武器として把握し、きちんと計算してそのスキルを磨き続けた結果、いまの地位を得たのです。つまり、客観力チャンピオンなのです。

そしてここが一番大事なのですが、それらの一連の行為を自然体でこなしてしまうところに売れっ子たるゆえんがあるのではないでしょうか。だって自然体でなかったとしたら、それこそ他者に緊張感を与えてしまいますもの。

売れっ子から感じるゆとりもそこに繋がるような気がします。売れているから、ゆとりも出てくるのでしょうが、ゆとりやおおらかさを持つことが売れているという佇まいをさらにアシストしているという感じでしょうか。

そう考えると、ゲン担ぎでパワースポット巡りや神社仏閣に参拝するのも、目に見えないスピリチュアルな力をいただこうとする目的もさることながら、「あそこでお参りしてきたから大丈夫だ」という安心感やゆとりが生まれることこそが肝心なのでしょう。ゆとりがあれば自然な笑顔がこぼれてくるものですもの。

さて、次の項目からは、私が日頃お世話になっている売れっ子各位について分析してみます。

17. 川平慈英さんから学ぶ「テンションの高さ」というゲン担ぎ

売れっ子さんたちは、どなたも笑顔の似合う方々ばかりというお話をさせていただきました。そんな中で、笑顔とテンションの高さがひと際目立っているのが、タレントの川平慈英さんです。慈英さんとの出会いは、エンタテイメント集団のザ・コンボイのジュリさんから。そしてジュリさんとの出会いは師匠からと、よく考えてみたら大元はやはり談志からの縁でした。

前座という師匠の付き人的な立場からの卒業の目安は、よその団体は年数です。関西では年季ともいうように、ある意味奉公的な期間です。しなければならないのは自分の芸のことではなく、まず師匠の身の回りの世話や落語会の下働きだというのが顕著な例です。ほぼ3年ぐらいやればお勤めご苦労様ということで二つ目に昇進し、自由な落語の活動が許されるのが通例ですが、談志率いる立川流は、その奉公に異を唱えました。

奉公的な作法の要求にプラスアルファする形で、落語家としての基本科目である歌舞《かぶ》音曲《おんぎょく》の修練を異様なまでに問い始めたのです。談志が認めた歌舞音曲のレベルに到達しないと、二つ目にも真打ちにもさせないというシステムです。

非常に難解な響きを持って受け止められがちですが、要するに、談志の首を一度でも縦に振らせればいいというゲームみたいなものです。実際そんなゲーム感覚のような格好で、師匠に「やりやがったな、この野郎」と思わせてしまったのが、弟弟子の談笑《だんしょう》でした。器用に3年弱で二つ目への昇進を決めた談笑に対し、不器用そのものの私はなんと9年半もかかってしまいました。

「なんとしても師匠を振り向かせたい！」

前座後半期のある日のこと、師匠がひとり練馬の自宅でフレッド・アステアのミュージカル映画を観ていたことがありました。「いいなあ、ああ、俺もタップがもっとできていたらなあ」。珍しく後悔の念が若干こもった独り言でした。

待てよ。師匠ができなかったタップを俺ができたら、サプライズになるのではないか?! と、脇で掃除をしていた私は、タップダンスをやろうと決意！ タップダンスは一朝一夕で上達するものではないため、長期戦を覚悟し、週2回スタジオに通い始めました。

2年ぐらい経った頃、ある程度のステップが踏めるようになり、少なくともタップダンスのレベルでは師匠を超えたと判断した時に、思い切ってタップを習っていることを伝えました。すると嬉しそうににっこり笑い、「ほう。(北野)武から電話がきたが、コンボイがいいらしいな」とつぶやきました。そこで、エンタテインメント集団のザ・コンボイを知り、ライブに行くようになり、そのメンバーのジュリさんと同郷だということが判明し肝胆相照《かんたんあいて》らす仲となり、さらにジュリさんを通じて慈英さんと仲良くなるという、つまりタップダンスきっかけで繋がったのでした。

ジュリさんと10年近くやったコントライブ『だんじゅり祭り』の中に、タップダンスと落語とのコラボ『タップ大名』があります。南の島にタップダンサーが漂着して、その小さな藩にタップダンスが広まり、やがて殿様までもダンスの虜《とりこ》になってしまうというふたり芝居を観た慈英さんが絶賛し、いつか僕ともやりましょう、ということになりました。そして2018年8月に慈英さんが主催の『児童夢基金ブリッジ・オブ・ザ・レインボー』の舞台に一緒に立たせてもらいました。

慈英さんはテレビのイメージそのまんまの人です。博多華丸さんがモノマネをしたことでさらに人気が出たような形ですが、最近では華丸さんを逆に真似ているかのような言動がほんと笑えます。

要するに、相手が自分に対してプラスに思う部分をさらに増幅させるスタイルを貫いています。そんな「自分を演じる姿」が地道に積み重なりキャラ認知されたという、イメージ戦略の勝者ともいうべき存在です。このあたりこそがゲン担ぎなのではと確信します。慈英さんがそばに来ると雰囲気がパアッと明るくなるような気がするのが、なによりの証拠です。

先程述べた舞台の打ち上げに向かう道中でした。「サウナ行きませんか?」との言葉。単刀直入な誘いに、根っからのサウナ好きの私も同意し、新宿区内のサウナに一緒に入りました。ご厄介になったので、自分が慈英さんの料金も払おうとしたその時でした。「ここは楽天カードマンが!」と、自身のコマーシャルのキャラそのまんまの風情と口調で、私の分まで払ってくれたのです。そんな人に負担を感じさせない気遣いがあまりに鮮やかすぎて、思わず笑ってしまいました。

道理で周りに人が集まるわけだなあと、しみじみ思ったものです。まさにゲン担ぎそのもののような、ゲン担ぎを具現化したようなお方であります。慈英さんも開放的、まさに「開」の精神そのものの人です。

18. 松村邦洋さんから学ぶ「細やかな心配り」というゲン担ぎ

松村邦洋さんは人柄から優しさが伝わってくるような人です。付き合いは長く、かれこれ20年以上にもなります。その発端は、私がワコールに勤務していた30年近く前の九州在住時代に遡ります。

その頃はすでに「談志の弟子になる！」と周囲に言いふらしていました。これはいま考えても、会社にとっては顰蹙《ひんしゅく》ものでした。上司にも「来年は辞めます」と堂々と言ってのけていました。会社の幹部候補生的な総合職としての採用で、しかも入社3年目の若手社員という、いわば教育費がかかるだけでまだ回収できない身分です。

自分としては退路を断つための宣言のつもりでしたが、大きな得意先も任されるようになり、期待もされていたことを踏まえると明らかに失礼な話でもありました。

そして、それだけではなく、「会社は社員の副業を認めるべきだ」などと平気で発言していました。

いやはや、時代の先を行き過ぎていたというか、会社もとんでもない人間を雇っていたものです。

仕事が終わると、土日は福岡吉本一期生としてタレント活動に明け暮れるばかりではなく、平日は地元のラジオ局であるＲＫＢに直行していました。そこで、週２回、自分が台本を書くコーナーを担当させてもらっていました。『ニュースケッチ』という５分ぐらいのラジオコントを書いて、幾ばくかのギャラをいただいていました。自分が書いたネタがリスナーから好評のお手紙をもらうと、本当にモチベーションが上がったものです。

その時ＤＪだったのが、いま役者として活躍している山崎銀之丞《ぎんのじょう》さんです。銀之丞さんは地元に空想天馬という自分の劇団を持っていました。私はそこで何度か役者として舞台に立つのみではなく、文芸部の座付き作家としてコント台本も書いていました。こうした福岡での芸能活動の研鑽《けんさん》が談志門下に入った時の評価に繋がるものだと、いま考えても青臭い未来予想図でした。

私が劇団に入った時に、入れ替わるようにして東京に進出して行ったのが、松村さんでした。以前から名前を存じ上げていましたが、立川流に入門した頃にはすでに飛ぶ鳥を落とす勢いでブレークしていた松村さんと、つかこうへいさんにその才能を見出されて上京した銀之丞さんと、3人で食事をしたことがありました。

当時まだ前座でぺーぺーの私からは、松村さんは眩しく見える存在でした。片や売れっ子タレント、片や食えない前座という間柄でしたが、そんな私にも松村さんはいつも優しく接してくれました。

ある時、「高田文夫先生に帯を買いたいので、明日浅草まで付き合ってもらえますか?」とお電話をいただいたことがありました。その帯屋は超有名店ですから、場所もすぐわかるはずです。いちいち私を頼らなくてもいいはずなのに、声を掛けてくれたのです。

その前後で食事もご馳走してくれ、帰り際には、「すみません、忙しいところ付き合わせてしまって。タクシー代です」などと1万円も握らせてもくれました。あの頃の1万円は、ほんと助かったものです。

普通にご祝儀ということで私に渡したとしたら、貧乏していたとはいえ、年齢は松村さんのほうが私より2歳下ということもあり、プライドが傷つくはずです。それをタクシー代と称して、私が受け取りやすい形に変換して渡す差配に感激しました。

慈英さん同様、こちらに負担を感じさせまいという佇まいと振る舞いは、いま振り返ってもやはりカッコいいなあと感慨にふけるのみです。

松村さんの優しさは、それだけではありません。毎年年賀状のやり取りをしていますが、そこには私の名前だけではなく、カミさんと子供ふたりの名前がきちんと親しみのある字で記されています。人柄はそんな細やかなところにふと現れてくるものなのかもしれません。

ロケ先で共通の知り合いに会うと必ずメールを送ってきたり、私がたまに出るテレビなどもきちんとチェックしてくださったりと、ミクロな優しい心配りの積み重ねは、忙しさにかまけてなかなかそれができない自分への反省材料のようにすら映ります。

タイプはまるで違いますが、毒蝮三太夫さんと同じ匂いを感じます。

最近ダイエットも成功し、健康的な日々を送っているご様子で、なによりの松村さん、本当にあの時はありがとうございました。

タレントさんというのは、芸を売る以前に、まずは、人に好かれることを仕事にしている人たちです。人に優しくすること自体がゲン担ぎそのものだと確信していますし、常に細やかな優しさをもって人に接する松村さんの佇まいから、深い覚悟を感じています。

19. 木村祐一さんから学ぶ「女子力とモテ」というゲン担ぎ

ＮＨＫ総合で放送されている『チコちゃんに叱られる！』という番組が流行っています。チコちゃんという5歳の女の子が、かのメジャー番組出演者という、いわば世間を代表する立派な分別のあるオトナたちに向かって放つ「ボーッと生きているんじゃねえよ！」が痛快で、時として自分にも言われているかのような錯覚がマゾヒズム的に響いてくる心地がします。

この痛痒いような気持ちにさせてくれる感じは、無論決して不快ではありません。日頃「そういうもんだろ」と無意識的に処理していることが、チコちゃんの可愛い罵声とともに、専門家による知的な分解でロジカルに明確化されると、ほんとスッキリした心持ちになれます。

あの形式のクイズバラエティ番組が当たっているということは、いいオトナたちが自分のダメな部分を誰かに指摘してほしいと、どこか密かに願っている証拠なのかもしれません。

そんな5歳の女の子の声を担当しているのが、仲良くさせていただいている木村祐一さんです。最初、あのアドリブ感と馴れ馴れしさは一体誰だろうか？　と思っていたのですが、その正体が木村さんと知り、より親近感が湧いたものです。

やはり選ばれる人はきちんと選ばれるというか、プロデューサーはよく見ているものです。談志が「プロデューサーに可愛がられろ」としきりに言っていた理由がここにあります。

きっと、このセリフの後には、「お前の魅力はお前にはわからない。きちんとしたプロなら必ず見ているはずだ。信じてみろ」との言葉が続くはずです。

いままで、いろんな人にお会いし、仲良くさせていただいてきましたが、そんな中で「キングオブモテ男」は、ズバリ木村さんであります。拙著『めんどうくさい人の接し方、かわし方』（ＰＨＰ文庫）にも木村さんのことを書かせていただきましたが、今回は別の角度から見てみたいと思います。

木村さんの魅力は、ズバリひと言で表すなら「女子力」です。料理の上手さもさることながら、女性が自然体でいられるその安心感は、女子のような佇まいからくるのではと思います。女性はやはり弱い生き物です。心を開くには安心させないといけないはずです。

著名人がモテるのはお金を持っているからではなく、名の知れた人は世間に認知されているという安心由来の落ち着きからと、ここで仮説を唱えてみます。

すなわち、ブランドのバッグとある意味同じなのかもしれません。著名人もブランドのバッグも、世間との間に信頼関係がきっちり横たわっている以上、そのゆるぎない安定を損なうことはしないはずだという安心感が予感を生み、そこから、この人なら大丈夫だという気持ちにシフトするのは当然の流れでしょう。

ま、昨今、文春砲というややこしい一撃がそのブランド力にダメージを与えてしまいがちなので、モテたその先の代償が怖いものですが、それでも、先述のバズることと同様、誰もがモテたくて必死に生きているのが現状です。私もモテたくて必死に本を書いたり、ギャグを練ったりと、涙ぐましく生きています。

人は未来予感が大好きで、予感を想像させてくれるものに古くからずっとよろめいてきました。そんな未来予感株式会社の代表取締役的行為が、恋愛なのです。だから誰もがモテたがるのです。

では、なにゆえ女性的な男性がモテるのかというと、やはり、恋愛相手に安心感と安定感を無意識のうちに求めるからではないでしょうか。

それとは逆に、女性が不良に弱いのは、女性特有の包容力で、あなたの安全地帯になるから私で安心して、という気持ちになってしまうからではないか、と。

つまりなにが言いたいのかというと、男性としてはその「安心安全感」と「不良感」のどちらかのタイプを極めさえすれば、理論的には誰でもモテるのではないかと。まあ、これもあくまでも仮説ではあります。

話は戻りますが、木村さんは、落語会に来てくださる時にはさすがグルメの人らしく、美味しい洋酒など女性のようにキメ細やかな気配りに基づいた品を持ってきてくださいます。男として、同性としてもこの人と一緒にいると楽しくなりそうという未来予感に満ちあふれています。

間違いなく、キム兄はモテるというゲン担ぎのリアル実践者としてリスペクトすべきお方であります。

20. 月亭方正さんから学ぶ「ひたむきさ」というゲン担ぎ

売れっ子の木村祐一さんと同じ匂いを感じるのが、いまや落語家として大活躍中の月亭方正さんです。吉本興業という巨大企業のしかもメインストリームに身を置きながら、落語家に転身するのには、相当なる覚悟を要したのではと心中お察しするばかりです。

方正さんとは、お付き合いして間もないのですが、会う度に触発されまくりでありますます。正直、出会うまでは、全国的な知名度のあるタレントさんの器用さの上に成立する、タレント活動の延長線上に展開する落語だろうと、つまり、タレント活動が主で、落語は従、と思っていたのですが、私の会にお招きした時に口演してもらった『宮戸《みやと》川《がわ》』に刮目《かつもく》しました。自分は浅はかでした。

古典落語の風味を損なうことなく織り交ぜる、独自の価値観に基づくギャグや、登場人物のキャラ設定の妙に心を奪われてしまいました。笑福亭鶴瓶師匠から稽古してもらったネタとのことでしたが、毎度談志が言うような「教わったのをそのまんまやるな！」の考えを具現化したような高座に、ジェラシーに近いものを覚えたものです。落語の世界しか知らない落語家からは生まれない、鮮やかな世界観がそこに展開されていました。以後、私の故郷である長野県上田市での会や、そのほか各地での二人会などにご出演いただくような間柄になり、公私共々仲良くさせていただいています。

本人に聞くと、40歳寸前で故桂枝雀《かつらしじゃく》師匠の落語に出会ってしまい、そのときめきに天地がひっくり返るほど心が揺さぶられてしまったとのことでした。志の輔師匠が方正さんにかけた言葉「（落語に）出会っちゃったんだね」が物語っているような気がします。さすが現代の落語界のカリスマはひと言で全てを言い切りました。

以後、本名の山崎邦正《ほうせい》を返上し、月亭八方《はっぽう》師匠門下に弟子入り。名前を月亭方正と改め、上方《かみがた》落語で身を立てる決意を抱き、東京から関西へと移住します。本人曰く、収入は半減どころではなかったとのこと。いやはやその覚悟たるやものすごいと驚くばかりです。

ところで、覚悟ってなんだろうといつも思いますが、自分がその人と同じ境遇を甘んじて受けられるかどうかが指標になるのではと思います。逆の立場だとしたら、私には絶対に方正さんと同じような真似はできないはずです。それだけでリスペクトするのですが、方正さんはその覚悟の上に、さらに全身からあふれ出る「ひたむきさ」を持っている点がまた眼を見張るところであります。

私が高座を務めている時も、舞台袖で子供のようなピュアな目でいつもじっくり見つめています。覚悟という、入念に耕した土壌の上にまばゆいほど咲く花のようなひたむきさ、といったところでしょうか。「ほんと落語が好きなんですね」と思わずつぶやいてしまうほどの情熱を毎回感じています。

八方師匠門下に入門して10年が過ぎ、ますます落語道に邁進している方正さんですが、持ち前の童顔が武器となる、子供が出てくる噺『しじみ売り』や『子別れ』など、出色の出来栄えです。

自分の個性や立ち位置、強みなどを瞬時に判断して行動に移すという姿勢は、メジャーなメディアで培ってきたメタ認知の賜物ではないかと舌を巻きながらも推察しています。

私の会に遊びに来たうちの子供たちは、大晦日恒例特番の『ダウンタウンのガキの使いやあらへんで！』の笑ってはいけない年越しスペシャルシリーズで、蝶野正洋《ちょうのまさひろ》さんにビンタを食らう方正さんというイメージしかなかったようで、楽屋での真剣な佇まい、落語への取り組み方など、その真摯でひたむきな横顔に、「方正さんって、真面目なんだねえ」と驚いていましたっけ。

ひたむきさというのは、発信者から繰り出される情報を逐一受け止める、受信者としての真面目な感受性に基づいていて、一旦全てをおおらかに包み込む優しさが前提にあるはずです。子供たちも私と同様に、方正さんのテレビで受ける印象と普段の物腰とのギャップに虜《とりこ》になってしまったようでした。

談志は生前、売れっ子たちを愛していました。Ｂコースという、各界著名人の落語家コースを作り、著名人各位の表現力とそれぞれのメディアにおける発信力に人一倍期待を寄せていました。それと同時に、直弟子たちにも彼らのように売れてほしいという願いが、きっと根底にあったのです。

口癖のように「売れなきゃダメだ」「チャンスはいくらでもある」と発破《はっぱ》をかけていたのがなによりの証拠です。

方正さんのピュアな眼差しの奥に光る「ひたむきさ」。自分も落語に惚れた原点を教えてもらっているという意味で、その輝きはいまや私にとってのゲン担ぎそのもの。見習うべき落語家のひとりです。

21. 陸奥親方（元大関霧島）から学ぶ「器量」というゲン担ぎ

相撲が好きです。長野の実家近くには、あの江戸の名大関・雷電爲右エ門《らいでんためえもん》が稽古に励んだという石尊《せきそん》の辻《つじ》がありました。そこの石碑に刻まれた実寸大の雷電の手形と自分の手を、よちよち歩きの頃から比べてきました。大きくなったらお相撲さんになりたいと思ったものですが、身長１６７cmと大きくなれずじまいでした。

そんな名力士・雷電の面倒を見たというのが、上原源五右衛門《うえはらげんごえもん》さんでした。江戸時代から続く名跡で、私が小学校低学年の頃までは、源五右衛門を名乗った末裔《まつえい》の方がご健在でとことん可愛がっていただきました。また、私の上の兄を1歳2ヶ月で亡くしたということもあり、両親はなんとかゲンを担ごうとしたのでしょう。源五右衛門さんの伝手《つて》で、伊勢《いせ》ノ海《うみ》部屋の力士が巡業に来た時に、横綱・柏戸《かしわど》関に抱っこしてもらいました。お相撲さんに触れると元気がもらえるというゲン担ぎの実践でありました。

そのおかげで、幼い頃は結構病気がちで、小3の時に熱中症が元で3時間ほど意識不明に陥ったことはありましたが、以後盛り返すかのように元気に育ちました。

詳しくは第5章で述べますが、40歳過ぎから肉体改造に励み、いまやベンチプレス１２０kgを上げ、胸囲１００cm超えと、昔の自分が見たら「お前、変わりすぎだろ?!」と絶対に突っ込むはずの体型にまでなり、健康そのものであります。私自身の健康が、お相撲さんに触れると福が訪れるという考えはゲン担ぎ的に正しいことを、リアルに証明しています。

また、落語と相撲とは、共に江戸時代に花開いたことと、伝統を重んじるという点では似た者同士。なんとなく惹かれ合うような感じがします。

そんなご縁か、前座時代から足掛け20年以上にも渡って、元大関・霧島《きりしま》の陸奥《みちのく》親方率いる陸奥部屋の千秋楽打上げパーティーの司会を担当させていただいてきました。

現役時代から大ファンで、そのご縁が舞い込んできた時は小躍りしたものです。

もともと自分が筋トレにはまったのも、和製ヘラクレスと異名をとった親方からの影響が大きなものでした。そしてなにより、親方も長い下積みを経て花が咲いたというところに、一方的にシンパシーを抱いていました。

陸奥親方の魅力はなんといっても、その器、度量です。打ち解けてくると結構饒舌《じょうぜつ》になる人ですが、最初の頃は司会を終えても、「また頼むね」のひと言だけで、正直に言うと、なんとなく素っ気なさを感じたものでした。

が、ずっとこの言葉をかけられ続けていると、ある時「また頼むね＝仕事の継続依頼そのもの」だとふと気づきました。これは、すごいことです。短いフレーズの中に相手との未来を約束してしまうのですから。

前座の頃は拙《つたな》い司会運びの時もあったはずですが、それを持ち前のおおらかさ、器量で優しく包んで、次回に期待してくださっていたような気がします。

親方に関してのステキなエピソードがもうひとつあります。だいぶ前に、テレビ番組で、視聴者の感動した体験特集があり、こんな話がありました。


長期入院して気分が沈んでいた母を、気晴らしに車椅子に乗せて外出したところ、力士の一団を見かけた。「お母さん、お相撲さんよ」「あら、みんな大きいね」などと他愛ない会話をしていたところに、ひとりの力士が現れた。

「お母さんですか？　どうされました？」との問いかけに、「ずっと入院中で、医者の許可が下り、久しぶりに外出したんです」と話すと、「お母さん、お相撲さんに触れると元気が出ますよ」と言うや否や母親をお姫様抱っこしてくれた。母は感激のあまり涙が止まらなくなり、そのお陰か、たちまちのうちに元気になった。そのお相撲さんこそが、大関・霧島さんだった――。

たまたまその番組を観ていた私は、親方の普段の人柄を知っているだけに涙が止まらなくなり、即座に親方に電話すると、「あ、そう。そんなことあったかな?」とあくまでも素っ気ない返事で、再び私は親方の器量に触れ、さらに涙があふれてきてしまいました。男から見ても、カッコいいのです。

調べてみると、器量には「役に立つべき才能と徳」、そして「顔かたち、見目」とふたつの意味がありますが、器と度量、すなわちキャパシティという地道な努力による後天的な獲得形質が、見てくれや上辺にも作用するのではと感じたものでした。

努力の2文字で大関になった親方は、その生き様自体がゲン担ぎとなっていたのではと確信します。

親方が色紙にサインする「忍」の一字、ずっと自分の胸に刻み込まれています。

笑顔が一番

第4章

読志のゲン担ぎ

22. 談志は「逆張り」の実践者

第3章では、仲良くさせていただいている各界著名人のゲン担ぎを紹介してみました。川平慈英さん、松村邦洋さん、木村祐一さん、月亭方正さん、元大関霧島・陸奥親方の共通項は、みなさん優しい人、困難を乗り越えた人、おおらかな人、陰での努力を惜しまない人、モテる人といった印象が漂います。

しかし一番は、「○○さんらしさ」といった他者が持つイメージを裏切らない人たちだという姿が浮かび上がってくる気がします。川平慈英さんは川平慈英さんらしいし、方正さんは方正さんらしいという感じです。

人気を集める人たちは、世間が抱く印象に似せて個性を作ってきたのでしょうか。いや、それとも、自分が訴えたい自らの個性を世間に認知させるべく、死ぬほど陰で努力をしてきたのでしょうか。おそらくその両方だと思います。

イメージが一般化されて人々に知れ渡ると、マスコミも起用しやすくなり、結果としてバズるという現象が起きやすくなります。

そういうことを踏まえて、我が師匠、談志にフォーカスしたゲン担ぎについて、取り上げてみたいと思います。

師弟関係というウェットな間柄から自由になる形で、改めて談志を見つめてみますと、先に挙げさせていただいた著名人と同じくイメージ戦略の勝者としての、ドライでしたたかな策士の姿が浮かび上がってきます。

談志の言動は全て、常に自分がどう見られているのかを突き詰めての計算によるものだったのではと、本人がいなくなってからだんだんと気づいてきました。

例えば、サングラスにバンダナというあの談志を象徴するスタイル。あれこそ本人が工夫した上に、考え抜いて編み出した外見アイテムのひとつでしょう。

「テレビに出てどんなに偉そうな小難しいことを言ったって、観ている人間には、ネクタイの色しか印象には残らないものだ」とテレビに出演する度に言っていたものです。

そんな視聴者のわずかな認識力に賭けるかのようにして、自らを記号化させ、その記憶の片隅に染み込ませることに成功したのが、談志＝サングラスにバンダナというで立ちだったのでしょう。

そして、あの独特の間を取ったクセの強い喋り方は、モノマネされやすさを誘発し、結果として自分のいないところでも、談志が拡散されることになっていきます。

さらに談志らしさを形作った一番のスタンスは、かつての落語家では考えられなかった、政治やら哲学などを毒舌を交えて語るという知的なオピニオンリーダーとしてのポジションを取ったところではないかと思います。

談志以前の落語家像は、いつも着物を着ていて、ふわふわとして、落語口調で話すという、花鳥風月的な浮世を超然としたものだったはずです。

その証拠に、落語冒頭の小咄《こばなし》・マクラに時事ネタを果敢に取り入れるスタイルは談志が初めてだったと先輩方から聞きました。それまでの落語家が誰も触れなかった現代的ネタ、さらに本人の個性を決定づけることになった毒舌こそ、談志のイメージ戦略だったのではと思います。

わかりやすく言うなら、いままでほかの落語家がやろうとしなかったことをやる、つまり「逆張り」を徹底してこしらえていったのが立川談志だったのです。ほかの落語家が目指したベクトルは完全なるレッドオーシャンで、競争だらけの世界です。談志はひとり孤高にブルーオーシャンを狙っていたのでしょう。

それは結果として凡百の落語家と一線を画すことになり、落語の実力と相まってマスコミの寵児《ちょうじ》となり、一世を風靡《ふうび》することになります。

うがった見方をすれば、世間一般が抱く落語家の姿から逸脱していなかったら、談志はただの落語界の中の名人で収まってしまっていたのではと思います。立ち居振る舞いがアナーキーだったからこそ、談志らしさが横溢《おういつ》することになり、独擅場《どくせんじょう》のような居場所を確保できたのです。

ゲンを担ぐこととは、バズることの前触れとなる行為全般を指します。つまり、逆張りというゲン担ぎによって、バズり続けてきたのが、わが師匠だったともいえるのです。

当人自身が、「俺は落語界の突然変異だ」とよく評していました。

過去の名人上手の系譜からは全くかけ離れた芸風で天下を獲りました。

プロレス的に見つめてみるならば、人気者になるのは概ねベビーフェイスばかりですが、談志はそうではなく、ヒールとして大衆に受け入れられた稀有な存在だったのです。

23．談志が拝んでいた神社

談志は存在自体がパワースポットのような人でした。晩年に至るまで、「葬式はやるな。坊主が儲かるだけだ」などと言い放つなど、かなり過激なことを発していましたが、師匠の熱烈なファンの住職は大勢いました。なぜか、日蓮《にちれん》宗のお上人《しょうにん》様方が多かった気がします。

これは、ある意味当然のように思います。落語と仏教とはどこまでも似ています。ここからは独断です（いや、この本は全て私の独断ですが）。日本の仏教を担ってきた四大巨人である「法然《ほうねん》、親鸞《しんらん》、道元《どうげん》、日蓮」はそれぞれ、「志《し》ん生《しょう》、志《し》ん朝《ちょう》、小三治《こさんじ》、談志」に相当する、面白い符号という仮説です。

まず仏教のわかりやすさを系譜という縦の繋がりから訴求したのが、師弟である法然→親鸞の流れであります。それにぴたりと寄り添うように比較できるのが、同じように落語の親しみやすさを横溢させていった親子である志ん生→志ん朝両師匠ラインではないでしょうか？　4者それぞれが専門分野を大衆にとって身近なものにしました。

そして、禅味《ぜんみ》のような佇まいで、そこはかとない「フラ」の面白さが持ち前なのが、道元と小三治師匠であることに異論はないかと思います。どちらも理屈で説得するタイプではありません。

最後に残ったのが談志＝日蓮説。こちらは消去法で残ったのではありません。両者の共通項は、過激な発想に基づいて、その業界地図を塗り替えようとしたせいか、かなりの法難《ほうなん》を被ったというところでしょうか。そんな似通った部分を持つことが、談志信者に日蓮宗関係者が多い理由ではと確信しています。

前座の頃、日蓮宗関係のお仕事をいただいた際、談志はそのパンフレットに「日蓮はカッコいい」と寄稿文を書いていたものです。ズバリ本質を見抜く目を持つ天才は、やはりどの業界でも異端児扱いをされ、迫害を受けるものなのでしょう。熱烈に神仏に祈るという姿勢はさほどなかった人でした。が、芸術の神は、確かに存在していたようです。

小さん師匠からの破門や落語協会離脱という試練を明らかに談志に与えましたが、それを凌駕する大きな果実をご褒美としてプレゼントしてくれた。かような芸人人生だったのではと察します。

やんちゃなまんま人生を走り抜け、どんな苦難にもめげずに未来を信じたという意味では、先天的なゲン担ぎ人生だったのではと思います。

「俺は比較的すぐ売れたけど、それでも、売れない時期が一瞬あった。そんな時はコロッケをパンにはさんだやつをかじり、公園の水を飲みながら、絶対売れてやる！と思ったものだ。いまの食えないこの時を大事にしようと思っていた」とは『現代落語論』（立川談志著／三一書房）にも書いてある通りで、実際本人も何度か述懐していたものでした。

自分の方向性に対するゆるぎない自信は、まさにゲン担ぎそのものという気がします。それは熱心な修行僧が日々霊験あらたかな経文を唱え続けるようなものでしょうか。体中の全細胞にゲン担ぎが行き渡るような形で、若くして才能が花開きました。それればかりでなく、後年の立川流創設、さらには、落語界を牽引していくような弟子たちを育成しました。

談志を語る時に便利なワードはパラドックスがほんと相応しいのですが、さほど神仏に恃《たの》まないという潔い姿勢が、かえって神仏からの高評価をゲットし、その集大成が最晩年のよみうりホールでの『芝浜』口演に至ったのではないかとさえ思います。

いや、困った時の神頼みというような安直な姿勢ではなく、乱暴なようでいて実は必死に芸に向けて精進する姿こそが、神仏には日々の信心そのものとして映り、結果として神仏を惚れさせたというのが本当なのかもしれません。

そんな談志でしたが、おかみさんが入院した病院に近かった根津権現《ねづごんげん》はこよなく愛していたものです。愛妻家で、日参しており、私も頻繁にお供をしました。

おかみさんの手術が無事成功し、経過も良くなると、「完治したのは権現様のおかげだ」とずっと言い続けていました。師匠が元気な頃は、新年の一門の集いは根津権現からスタートしました。二つ目以上は紋付袴の正装で集い、三本締めをやる習わしでした。

甲府徳川家の江戸根津屋敷で生まれた六代将軍徳川家宣《いえのぶ》にとっての産土神《うぶすなかみ》が根津権現であります。落語を愛した談志は、同じように江戸、そして徳川家を愛していました。そんな根っからの徳川贔屓《ひいき》でもあった談志にしてみれば、徳川家とも深い繋がりのある根津権現とのご縁を信じ、お参りすることはゲン担ぎだったはずです。

24. 前座という発明品

談志は自らを落語の歴史にいきなり現れた突然変異と位置づけていました。過去の名人の系譜から逸脱することで、その地位を得たのが談志でした。

16歳で入門するや否や、持ち前の生意気風を吹き回し始めます。感受性あふれる天才児は、一度聞いただけで落語の大まかなストーリーをほぼ把握してしまうほどで、当時通例だった、噺を教わる稽古のシステムを変えようとさえしたとのことでした。

その頃は三遍稽古という、一席を師匠が1日1回、3日で3回喋り、4日目に今度は弟子がその噺を一字一句同じ形で喋るスタイルが主流だったそうですが、入門したての頃からその形式に異を唱えていたと聞きます。古老の大先輩には臆面もなく下手だと言い切ったりもしたらしいです。

そんな跳ねっ返りでしたから、楽屋の和を乱す存在として、徹底的にいじめられたとよく本人が述懐していました。そんな意地悪な先輩落語家たちの中で唯一師匠をいじめなかったのが、先代林家三平《はやしやさんぺい》師匠だったということも本人は言っていましたっけ。

談志が入門した昭和27年頃の寄席の楽屋などは、戦後のどさくさが日本の各所にまだ残っていた背景と相まって、本人曰く「落ちぶれた人間たちの巣窟で、思い出したくもない」という部分も確かにあったのでしょう。けれど、同時に憧れの落語家たちの高座では見せない素顔と会話が見られる場でもあったはずです。

要するに、ルサンチマン（恨みつらみ）と圧倒的な憧れとの二律背反《にりつはいはん》が存在する複雑な思いが去来する場であったはずです。

そんなアンビバレンツな原風景を胸に刻み込んだ天才少年落語家は、後年予想通り天下を獲り、落語界を席巻します。そして入門から約30年後、立川流を創設するに至ります。

個人の落語家が独自の教育システムを唱えて、独自の二つ目、真打ち昇進基準を設定し、世間に打って出たのは落語史上初のことでした。結果として私も含めて、異様に長い前座修行が特色となります。アナーキーかと思われがちですが、そもそも立川流創立のきっかけが弟子の真打ち昇進基準を巡っての諍《いさか》いからだったことに鑑《かんが》みると、むしろそれは当然の流れだったのかもしれません。

俯瞰すると、立川流は突然現れたシステムではなく、談志という天才が長年に渡り積み重ね、かつ、拡げてきたもので、落語への夢と可能性に対応させようとして編み出した発明品なのかもしれません。

つまり、談志が描く理想の落語に対する現実の手段が立川流だったのではと思います。そういう意味でいうと、他団体から比べると異様に長い前座修行も、その発明品の一部であります。

前座期間の長さは、覚悟のない新弟子を拒否します。それと同時に、談志さんのところで修行した人＝特別、という誤解も発生させます。正直、私はそんな世間様の誤解のおかげで生活できているのではと思うことがあります。事実、「あの談志さんのところで耐えてきて真打ちにまでなった人だからすごいんだろう」というような流れで、こうして10冊以上も本を書けているんですから。

運を味方にするのも天下を獲った人間の役目だとしたら、師匠の気まぐれとしか思えないような前座期間の長さでしたが、立派なゲン担ぎだったのではと、いまとなっては感謝するのみです。

いや、待てよ。

前座修行というシステムについて深掘りしてみると、なにも立川流に限って当てはまることではないような気がします。ズバリ言うなら、前座修行自体が、落語界における発明品なのかもしれません。

前座はやるべきことが多岐に渡ります。師匠の身の回りの世話ばかりではありません。落語会の運営面にも携わります。着物を畳んだり、お茶を出したりなどの出演者のマネージメントのほか、主催者と緊密に連絡を取り合って、円滑に落語会が進行できるよう積極的に下働きをします。その気遣いは打ち上げにまで及びます。

さらにここからがポイントです。先輩落語家たちに必死で気を遣うひたむきな姿は、周囲の優しい人々の心に憐憫《れんびん》の情を発生させます。それがきっかけとなって、さらなる応援へと繋がるケースが非常に多いものです。私もそのような形で出会ったお客様に、いまだに応援して頂いています。

かような、同情を愛情に変換させる装置こそ前座修行なのです。もっというと、前座の当該期間よりも、二つ目や真打ちに昇進していく将来の姿に向けての投資対象に見込まれるという意味では、そんな健気な存在こそ、まさに前座がゲン担ぎたるゆえんのような気がします。

25. 前座修行＝ゲン担ぎ

前座が落語界の発明品だったとは。

自分で書いていて、あっと驚いた発見でもありました。こうして落語の仕事だけで独り立ちして、家族を養っていけるのも、落語界の発明品である前座修行をクリアしたからでしょうし、それ以上にかようなロジカルな分析やアプローチができるようになったのは談志の弟子となったからでもあります。

知らず知らずのうちに前座修行をしてきたことが、ゲン担ぎになっていたとは、感謝するのみです。あの頃は正直「なんでこんなことをやらなければいけないんだろう」と思ったことさえありました。

前座の存在とは、言うなれば、ダチョウ倶楽部さんのネタではありませんが「どうぞ、どうぞ」の精神の具現化そのものであります。滅私奉公、自分を殺せなどといわれていますが、要するに自分より他者を優先することが仕事の大半を占めます。

談志が新弟子に放つ前座の課題である「俺を快適にしろ」というのも、師匠を最優先するという意味ではまさに「どうぞ、どうぞ」のひと言で全てが表されるはずです。

師匠を快適にするというのは、自分を差し置いて、まず師匠に順番を譲ることを意味します。「いますぐ来い」という電話が鳴れば、まず自分のプライベートはその時点で存在しないも同然となります。映画を観に行こうとか、飲みに行こうとか、前座の頃はそのような予定が師匠からの電話で何度ダメになったかわかりません。即座に師匠の元へ走るのです。

無論「それが嫌なら二つ目になればいいだけの話で、その基準は俺ははっきりとお前に伝えてあるはずだ。その基準を満たさないというのは、お前がいまの地位が快適だからだ」と師匠はそういう理屈で向かってきますので、返す言葉はありません。どこまでもロジカルでした。

さて、前座の仕事は大変です。落語会では前座は開口一番と称してトップバッターを務めますが、要するに、その後から出てくる出演者が喋りやすいような空間にするのが主な目的となります。

語り終えて高座から下りても、仕事は続きます。

高座返しというのがあります。出演者が落語を語り終え、舞台袖に下がるのと入れ替わりに前座が出て来て、高座上の座布団をひっくり返すことを指します。直前の落語家が座っていた面とは違った面の上に、次の落語家が座ることになるという、長年続く儀式のようなものです。つまり、高座返しの度に空気が変わることになります。

落語家が入れ替わる度に高座の雰囲気を更新し続ける姿勢こそ、まさにゲン担ぎのように感じます。何気ない風習なのかもしれませんが、次に上がる落語家も、見に来ている会場のお客様も、共にリセットされて、常にフラットな心持ちでそれぞれが集中できるシステムだなあとしみじみ思います。

ゲン担ぎに相当する高座返しをはじめ、出演者の着替えの手伝いや、着物を畳んだり、お茶を出したり、ほかの所用をこなしたりと、終演後も手を抜けません。打ち上げでは参加されている方が快適に過ごせるよう、やせるほどの気遣いをするものでした。

私も入門してから半年余りで5kgはやせてしまったものです。そして、二つ目が近づくと精神的に落ち着いて反動が出るのでしょうか、太り始めるもので、前座の後半期、よく師匠に「太ったな」と笑われたものでした。

ズバリ前座は、かような、順番譲りの作法を積み重ねるという貯金を日々行っているようなものです。その満期となるのが、二つ目さらには真打ち昇進なのかもしれません。

昇進基準も含めた落語家の教育システムを、外部からの雑音をシャットアウトし、純粋培養的に独断で敢行できる空間こそが、立川流だったのでしょう。

もっというと、前座、二つ目、真打ちのそれぞれの身分に応じたやるべきことを談志流ロジカルで特化させた機関が立川流なのです。そしてその見本となるべき存在が自ら家元を名乗った談志でした。

ゆえに、行動は徹底していました。超売れっ子になってからも、また、老境の域に達してからも、お礼状や、お礼の電話を欠かしたことはありませんでした。ささやかな行為が、次に繋がるということを予感していたという意味においては、それらもまさにゲン担ぎであったのです。

いや、むしろ、これらの行為を徹底することによって、未来への仕事に繋げるゲン担ぎ行為にまで高めてしまったというのが本当のところなのかもしれません。あの談志師匠が直筆でハガキを寄越してくれたと、感激の声をよく聞いたものでした。

26. 食べ物を大切にした談志

談志のお礼状やらお礼電話は、言葉は過激ですが、まるで攻撃の様相すら呈していました。疲れ果ててたどり着いた自宅にて、最後の仕事とばかりにお礼状を書いていたものです。

かくも不動の地位を得ているのだから、事務所に任せて印刷のお礼状でもいいのではと思ったものでした。

なぜここまでこだわったのでしょうか。「全ての行為は不快感の解消からだ」とよく師匠は言っていました。楽屋で売れない芸人の哀れな末路を、入門したての頃から嫌というほど見た反動ではなかったかと推察します。

まして、一流になったからといっても、あってもなくてもいいのが落語だということは知っていたはずです。仕事がない不幸に対する不快感、というか恐怖感からのリアクション行為こそ、お礼状やお礼電話だったのではと思います。

お中元やお歳暮のお礼も、まめに直筆のハガキで送っていました。あの世代の、戦争体験者特有の食べられなかった頃の辛い思い出からかもしれません。私の両親に対しても同様で、地元・長野のりんごやら巨峰を両親が師匠に送る度、近況報告も兼ねたお礼を返信していました。

私の前座が長引いていた時期でしょうか、巨峰のお礼状には「ワコール（当時の私の前座名）は、なにをやるべきかわかっているはずです。見ていてとても歯がゆいです。いま時の子なのでしょうか」などとしたためられていました。

なかなか二つ目に昇進しない不出来な私に対する師匠からの叱咤激励でしたが、両親に現状を訴える形でさらなる奮起を促そうという師匠の優しさでした。ま、巨峰が『怒りの葡萄』になったというオチでした（笑）。

とかく、食べ物を大切にした師匠でしたが、同じような匂いを萩本欽一さんから感じたことがあります。

日頃からご厄介になっている方に、東御《とうみ》市の花岡利夫《はなおかとしお》市長がいます。市長職のほか、和菓子屋さんが本業でして前座の頃からお仕事をいただくなどしています。以前、そのお店にご挨拶に行くと、萩本欽一さんのサイン色紙が飾ってあるのを発見しました。

ご縁を尋ねると、花岡さん曰く、東御市で萩本さんの講演会が企画された時の楽屋に、お茶受けとして花岡さんのお店で作った饅頭を出したところ、萩本さんはその饅頭を大層気に入って、お礼状に「僕はこんなに美味しい饅頭を作る人に会ってみたい」と記してあったのだとか。そんなにまでおっしゃっていただいているならと東京にご挨拶に行った時に、写真を撮ってもらったとのことでした。

談志と同世代でもある萩本さんのお心遣いを感じていいなあと思ったものです。そしてなにより「美味しいお饅頭を作る人に会ってみたい」との殺し文句をさりげなく書き添える萩本さんの愛され力と、その言葉に素直に反応し、東京までわざわざ会いに行くような花岡さんのフットワークを心地良く感じました。

「会いたい」と言われて即座に行動に起こせる人はまずいません。花岡さんのそんな機動性と機敏性が東御市の市長にまでさせているのかもと、ふと思ったものでした。まさに、そんな態度も未来を引き寄せるという意味ではゲン担ぎであります。

美味しい饅頭が売れっ子の心を奪い、さらにその売れっ子が饅頭屋さんの心を奪うひと言を書き、そして饅頭屋さんが呼応する。手書きのお礼状はやはりゲン担ぎになるものです。そういう意味でいうと花岡さんも間違いなく、和菓子ならぬ「我が師」であります。饅頭だけにいい案（餡）をいただきました。

一連のきっかけは、萩本さんの食べ物を大切にする姿勢から始まったような気がします。萩本さんも談志も同世代の戦争体験者で、食べるものがなかった頃の辛さを肌身に感じてその地位を得た人でしょう。故郷上田での落語会で、楽屋に出ていた野沢菜漬けのお礼状まで書いた談志の気遣いに、驚いたことをふいに思い出しました。

新潟に自分の田んぼを持ち、田植えから稲刈りまで全ての行為を愛でてもいた師匠は「こういうところで稼ぐカネを本当のお金というんです。都会でカネを右から左へ移すだけで発生する金とは、色を区別させるべきだ」とまで言っていましたっけ。

普段からそういう具合に食べ物を大切にしてる、優しい佇まいのふたりの積み重ねが、芸能の神様を微笑ませたのかもしれません。

そして、いまこうして書きながら、そんな師匠がこよなく愛した高級食材を全て腐らせてしまった前座時代の「冷蔵庫事件」の一部始終が脳内に蘇ってきました。

青春の思い出にはいつも苦みがあるものです。いや、これはただ私がドジだっただけなのですが。

27. しきたりを重視した談志

師匠は昭和11（1936）年1月2日生まれとされています。「されている」と言ったのは、本当の誕生日はその前年の12月2日だからです。昔はこういう形で誕生日をめでたい日にずらすことが、平気で行われていたようです。私の母親も、恵比寿講《えびすこう》に合わせて、と良い意味での融通を利かせて誕生日をずらしたと聞きました。この辺のアバウトさ、いいなあと思います。

元来日本人は、12月31日から1月1日になると、お年取りと称して一斉にみんなで年を取る風習があったのですから、言ってしまえば日本人全員が1月1日生まれみたいなものでした。公的年金など、受給に不正確な部分があってはならないという理由で、正式な誕生日を管理しようとする風潮になったとのこと。むしろいまの考え方のほうが歴史は浅いのです。

つまり、もともとそういう思考体系で処理してきた日本人は、生まれついてのゲン担ぎ大好き国民だったとも考えられます。

談志もさような形で、強制的に誕生日を変換させられてしまった、ゲン担ぎ人生を歩まざるをえなかった人ともいえるはずです。

この一件は、その後の談志の人生にとって何気にかなり大きいエポックメーキングな出来事になったのではないかと察します。生まれてきためでたさと、一陽来復《いちようらいふく》の正月のめでたさをダブルにお祝いする道。その道を75年歩み続けてきたことと、本人の並外れた天才性と血の滲むような努力とが合わさったことで、ますます神々は祝福せざるを得なかったのではと考察するのは、大げさでしょうか。

浅はかな弟子の買い被りかもしれませんが、よりめでたい日への誕生日ずらしというゲン担ぎが、芸の上での圧倒的な飛躍をもたらした一因ではないかとも思えてしまうのです。

実際、談志は1月2日の誕生日をこよなく愛していました。嫌だったら、本当の誕生日に設定し直していたはずです。奇しくも師匠である5代目柳家小《やなぎやこ》さん師匠と同じ1月2日生まれというのをどこかで誇りに思っていたに違いありません。

毎年一門の新年会は談志の誕生日に合わせる形で開催されていました。そして亡き後も主の不在の悲しみを分かち合うようにして、同じ日に新年会を開いています。毎年同じ日に誕生日祝いを兼ねた一門の新年会を開くことについて、「こういうしきたりは大事にしたいものだ」と生前ずっと言い続けていました。

何年も前になりますが、とある兄弟子ふたりが某ローカル局にて新年特番に出演することになったので、来年の新年会は欠席させていただきたいという旨を師匠に伝えたことがありました。師匠はそれに対して「そっちに行くのは構わないが、もし行くのなら来年の新年会の費用はお前たちふたりで払え」と言ったとか。いやはや、それ以来、一門は誰もその日は仕事を入れなくなりました。

ま、師匠の立場から見るならば、一年に一度ぐらいはそういう日があってもいい。落語家とは伝統を重視するのが本分なのだから、ということだったのでしょう。

落語界では、我が立川流に限らず、それぞれの師匠の元で新年会が開かれています。前座からすると、二つ目以上の先輩方からもらうお年玉がなによりの楽しみです。

9年半もの間前座をやったということは、30過ぎまでお年玉をもらい続けたということでもあります。四六時中ずっと気を張り続けている前座たちへの、ささやかな労いとなるお年玉は、その立場からすれば巨額の臨時収入となり、生活の糧にもしていました。

前座とは、未来に希望を抱かざるを得ないほど厳しいものです。その前座という現実と向き合っている最中の若者を喜ばせるのですから、お年玉をあげるのも充分なゲン担ぎなのではと思います。

また、談志のしきたりや風習を大事にする姿勢は、お中元やお歳暮にも向けられていました。しかも、お前たちが俺のところに個々にそれぞれの品物を持ってこられても困るから、俺が指定する品物を持ってこい。かかった代金はお前たちで頭割りするようにとのお達しが、いつからか下るようになりました。なんとも合理的な指示だったと今更ながら思います。

いや、過去の因習として連綿と続いてきた虚礼を、談志流にアップデートさせた形式だったのかもしれません。談志の指示は大型液晶テレビだったり、ウォシュレットだったり、給湯器だったり、年によって変幻自在に繰り出されたものでした。

当時は気ままでわがままな振る舞いとしか思えなかったのですが、もしかしたら身をもって、しきたりとか風習の大切さを弟子たちに悟らせようとしていたのかもしれません。

28. 談志のゲン担ぎ語録

ゲン担ぎにちなんだ談志の語録を挙げてみます。どれもこれも、深い意味を持つ言葉だらけで、一般の方々には、意味不明なものもたくさんありますので、長年そばについていた弟子ならではの目線で解説してみます。

「落語とは人間の業の肯定である」

談志が49歳の時に著した名著『現代落語論パート2』（三一書房）に記された落語の定義ですが、これこそまさにゲン担ぎそのものではないかと確信しています。ゲン担ぎというのは継続化された触媒《しょくばい》のようなものだと思います。触媒とは、それ自身は何の変化もしないけれども、特定の化学変化の反応速度を高める物質のことです。

毎日近所の氏神様にお参りすることをゲン担ぎ＝触媒としてみます。それ自体はただの行為で、目指すべき成功とは直接的な繋がりはないはずですが、その原子のようなお参り行為が積み重なり、ビッグデータ化して集団的知性となると、いわゆるパワースポットと高じる。つまり変哲のない行いが、因果関係をも凌駕するかのような、ひとかどの存在にまで発展するということです。

ずっとこの本で書き続けている「ゲン担ぎとは未来志向的だ」という私の主張と照らし合わせてみると、天才落語家の発したひと言が、その後の落語界の未来像を決定づけたという意味において、まさにこの発言はゲン担ぎそのものとなりました。

世の中を変えるのは、天才のひらめきしかないのかもしれません。業の肯定とは、わかりやすくいえば、人間なんて所詮もともとダメなものということです。ダメという言葉は、人間の存在の完全否定という解釈ではなく、不完全という意味において可能性の伸びしろがあると捉えられるはずです。

そういう受け止め方をすれば、全ての人類に対する優しい目線とも取れるのではないでしょうか。実際そう考えたほうが、前向きにもなれる気がします。

「所詮人間なんか何もわかっちゃいない」

談志著『新釈落語咄』（中央公論社）の巻末に書かれていた言葉です。口癖のようにいつも言っていました。科学がもたらした進歩に対して、実に懐疑的なスタンスを取っていたのです。

得意ネタの『やかん』の中で、こんなシーンがあります。八五郎の地球は丸いという発言に対して、なんでそんなことがわかるんだ?! と食いつくご隠居さん。だって、地球儀って丸いでしょと八五郎が答えると、お前、文房具屋で売っているようなものを信じているのか! とまで言い切ってしまいます。

科学というのが、最大級の客観性の見方（味方）だとしたら、それを完全に凌駕する主観の強さこそが落語の本質でしょう。この噺は八五郎が常識的な立場、ご隠居さんが非常識的な立場にそれぞれ立っていますが、落語ですと、ご隠居さんが常識人で八五郎が非常識人なので、真逆感もまた面白いところです。

なにより、ご隠居の言葉は、科学万能主義に陥った人類を救うべき、人間性の回復を高らかに謳い上げるかのような響きを持っています。科学万能主義の否定は、オカルトの肯定へと結びつきがちですが、談志はそれも否定したのがすごいところでした。科学万能主義もオカルトも、極論に走れば人類にとっての害悪でしかないことを直感的に悟っていたのでしょう。

「来なかった奴が悔しがる落語をすればいい」

前座時代に九州地方の落語会でしたか、師匠のお供でずっと同行したことがありました。農繁期とぶつかりなかなか集客できず、会場の半分ぐらいの入りに主催者さんが師匠に申し訳なさそうに詫びた時、この言葉を放ちました。

ズシンと響きました。

この言葉は、全ての人を救います。まず主催者さんは、元気づけられます。お客が少ないからやらないと帰ってしまった歌手がいましたが、この師匠の言葉でどれだけ助かったかわかりません。そして、そんな忙しい中来てくれたお客さんには最高の芸をやるぞ宣言にもなり、間違いなく得をすることになります。そばにいた私には、お客さんが少ないからと卑屈になるなという気概と自信を与えてくれます。そして、一番は来なかったお客さんへのいい意味での挑発となっているのがすごいところです。

なぜこの言葉はかようにあらゆる人をときめかせるのでしょうか？

それは、限りなく未来志向だからでしょう。やはり人間は未来を想像させてくれるものを、常に求めているものなのです。そういう具合に受け止めてみると、この言葉は間違いなく、ゲン担ぎそのものであるように思います。

師匠…。

第5章

談慶流のゲン担ぎ

29.ウエイトトレーニングは最高のゲン担ぎ

「今度の本は、すごい人たちはみんなゲンを担いでいるという内容にしましょう。もう企画は通しましたから」。この本の最初の打ち合せの時でした。編集担当の粟多さんは女性でありながら、いきなりズバっと、かように切り出してきました。私は頼まれた原稿は全部受けてきた自負もあり、真正面から全て先方様の意向に沿う形で、ここまで書き続けてきました。基本的に全ての依頼に応えるという姿勢です。

11冊目となるこの本も、書き始めはモヤモヤしている部分があったのですが、書き進めていくうちに、だんだんとゲン担ぎに対するイメージというか輪郭がじんわりと浮かび上がってきました。ゲン担ぎとは、なにも滝に打たれたり、パワースポット巡りをしたり、酒を断ったり、当たる占い師を探したりすることばかりではないことに気づいてきました。

口を酸っぱくしてズバリ言います。**それを行うことで未来が明るく見えてきそうなことの総称がゲン担ぎなのではないでしょうか？**

そういう意味でいうと、未来に向けていま必死で取り組んでいることがあります。もはや私の代名詞でもありますウエイトトレーニングです。

話は10年以上前、２００７年頃に遡ります。ある日突然、首が痛くなってしまい、動けなくなりました。それまで経験したことのない痛みで、神経を直に刺激するかのような、まるで虫歯の痛みが首にきたような感じで、夜も寝られない日が数日続きました。医者に行っても、レントゲンを撮ってなにもおかしいところがないとわかると、痛み止めの注射と服用薬をよこすだけで根本治療にはなりません。鍼《はり》もやりましたが、ほとんど効果はありませんでした。

状態をパソコンで調べてみると、どうやら、頚椎椎間板《けいついついかんばん》ヘルニアのようでした。それからまた必死になって、近所の名医と呼ばれる医者などを探っていくうちにたどり着いたのが、評判のいいカイロプラクティックの先生でした。

先生は触診一発で、「3番目と4番目がずれてますね」と探り当て、軽くポンと押して、軌道修正を施してくれました。その途端に嘘のように痛みは消え去ってしまいました。まるで霧が晴れたかのようでした。

ところが、これはあくまでも応急処置ですと。

このままだと、またあの痛みが来るのか？　では、どうすればいいのか教えを乞いました。すると、「筋肉を鍛えるしかありません。いま頭の重みをダイレクトに首の骨が支えている状態なんです」と先生。運動不足は自覚していました。この何年か前に、恐らくタップのやりすぎからきたであろう変形性膝関節炎で膝が痛くなり、数週間リハビリに通っていたことがあります。実は、そこでも運動不足を指摘されていたのであります。

体からの視点で見つめてみると「あの時、運動不足って言われていたのに、なんで無視してきたんだよ！　俺たちもう限界だよ。首の骨だって悲鳴上げるさ。なんとかしてくれよ」ということだったのでしょう。体は正直です。筋肉を鍛えないと、痛みに襲われる！　恐怖以外の何物でもありませんでした。

早速、私はネットで近所のジムを探し始めました。「南浦和近辺、ジム」という検索条件にヒットしたジムはかなりありましたが、絞っていくとふたつになりました。サイトのトップ画面を見比べてみると、片や「夏までにぜい肉を減らしましょう」というコピーとともににっこり微笑み汗をかくモデル級の美女、片や「夏までに筋肉をつけよう」の文字とともにポーズをとるむくつけきボディービルダーの姿がありました。

減らすよりつけるほうがいいという、めちゃくちゃ単純な理由で後者のジムを選ぶことにしました。西川口の駅からすぐのところにそのジムはありました。とりあえず体験レッスンを受けてみようと軽い気持ちでドアを開けてみると、その刹那聞こえてきたのが、ごつい男たちのうなり声だったのです。戦慄が走りました。そして、その恐怖心を増幅するかのように私を迎えてくれたのが、人間よりもはるかにゴリラに近い体格の、コーチと呼ばれている人でした。

「あ、はい、体験レッスンですね。着替え持ってきました？　じゃ、そこのロッカールームで着替えてもらえます？」

態度も物言いもぶっきらぼうなコーチに導かれるがまま、着替えて中年太りの体をベンチに横たえました。そこで生まれて初めてバーベルを握り、ベンチプレスに挑むことになります。30年近く運動らしきものを一切やってこなかった私としては、10回上げるのが限界でした。そのとき、コーチが放った何気ないひと言が、私のハートに火をつけたのでした。以降、ウエイトトレーニングという未来へのゲン担ぎが日課となっています。

30. 究極のゲン担ぎトレーニング法

初めてベンチプレスに挑戦したときに、「なんだ、思ったより、非力だなあ」とコーチに言われ、グサっときました。

情けないことですが、当時の私には20kgのバーベルを10数回上げるのが、精一杯。やはり積年の運動不足は、明らかに筋力低下を引き起こしていました。ふらふらとバーベルを元に戻した瞬間、心ない言葉をぶつけられてしまったのです。

ダメだ。これは、俺には向いていないジャンルのスポーツだ。幸いお金はまだ払ってないから、オネーチャンがいるほうのジムに行こう、と思いました。長年の醜態で、体だけではなく、精神もヤワになってしまっていたのでしょう。初歩的な体験レッスンだけで、もう逃げようとしていました。

バーベルだけの重量のベンチプレス、2kgダンベルでのダンベルフライ、初心者向けの重さに設定されたチェストプレスマシン、そして最後に腹筋10回を終えると、なんと情けないことに腹筋がつってしまいました。体《てい》良く切り上げて、いそいそと帰ろうとしたその時。

「次、いつ来ます?」と、次回くることを前提に、ずけずけとコーチは聞いてきます。

「あ、すみません、忙しくて予定がなかなか組めないんで」

私はお決まりの断り文句を繰り出しました。するとコーチは、私を覚醒させるような挑発的なひと言をぶつけてきたのです。

「談志さんのところで、真打ちにまでなったんだから、いくら忙しくても来ますよね」

参りました。こんな圧倒的な言葉で、やられてしまいました。もし、私がこれでこのまんまここから去ってしまったら、「だらしねえよな、一日だけ来て腹筋つって帰っちまってさ」と陰で言われ続けるんだろうな。立川談慶という名前をさらしてしまったんだから、師匠にも迷惑がかかるかもしれない。

さっきまでの、身も心も弱かった自分はいつの間にか消え去っていました。やはり師匠の名前を出されるとスイッチが入るものなのです。

「いま、スケジュール確認します! あ、ちょうど良かった! 明日空いていました」

白々しいセリフに、コーチもにっこり笑って「じゃ、今日の倍、鍛えますよ」と。

私はその場で、入会金と月会費を支払っていました。

気がつくと、10年以上の月日が経っていました。２００７年頃は、真打ちになって３年目で、精神的にも肉体的にもストレスがたまっていた時期でした。理想と現実とのギャップに追われ、仕事もプライベートも空回りするかのような日々が続き、心療内科で精神安定剤を処方してもらってさえいました。

落ち込んでいる時は、マイナス思考というより過去思考に陥っているものです。なんであの時あんなことをしてしまったのか、あんな風に処理しなきゃ良かった、など前向きというよりも、過去向きに受け止めがちです。このあたりが、未来志向であり未来思考であるゲン担ぎとは真逆です。

その日からジムに通い始め、週３、４回はこのキツいトレーニングを敢行しています。体つきは明らかにガラリと変わり、ベンチプレスで１２０kgを持ち上げ、胸囲は１０３cmにまでなりました。なにより、精神安定剤は一切服用しなくても毎晩ぐっすり眠れるようになりました。いや、それほど極限にまで疲れ果てるほど追い込まないと筋肉は成長しないものなのです。

そんな超マッチョ生活を送る50過ぎの落語家が、とっておきのゲン担ぎトレーニングをご紹介します。それは「デッドリフト」です。床に置いたバーベルを持ち上げるという、主として背中一面を鍛えるトレーニングです。脊柱起立筋《せきちゅうきりつきん》が弱いと、うつむき加減になってしまいます。つまり、ここを鍛えることで、背筋がシャキンと引き締まります。姿勢を良くしたいなら、まずここから始めるべきです。

鬱《うつ》の語源は、「俯《うつむ》く」からという説もあります。肉体が精神に及ぼす影響を考えるとなるほどな、と思う説であります。確かにゲンを担いで快活に人生を送っている人で、俯いているイメージのある人はいない気がしますよね。

元気がない時こそ、あえて上を向いて前向きな姿勢を保つことで、精神の安定を確保できるのかもしれません。それぐらいにきちんと上を向くことは大切なのです。

ウエイトトレーニングを始めてからは、筋肉の分厚さが精神的なゆとりをもたらしてくれるかのようであります。めんどうくさい人に出会ったとしても、この人はベンチプレスは明らかに60kgも上げられない人だろうと思うと、どこか許せるような、おおらかな心持ちになってきました。

精神を鍛えるのならば、肉体を鍛えるしかない。これは真理です。ほぼ毎日通うジムは、いまや自分の氏神様のような存在です。筋肉は裏切りません。

31. 吉例！ 神社仏閣巡り

私がしているゲン担ぎとは、年に1回は伊勢神宮に参拝し、また年に1度は日蓮宗の霊山である山梨県・七面山《しちめんさん》に登り、そして毎月13日は極力、箱根の九頭龍《くずりゅう》神社の月次祭《つきなみさい》に出かけることです。とりたてて信心家というわけではなかった私ですが、気がつけばこの数年の間に、いわゆるパワースポットという類には自然と訪れているようになっていました。

お伊勢参りをするきっかけは、ほんと偶然からでした。２０１４年に亡くなった父親と、亡くなる何年か前にご先祖様の話をしたことがありました。言葉を交わすうちに、「茂三郎さんという祖父さんは健脚でな、歩いてお伊勢さん参りするぐらいだった」という父の思い出話にたどり着きました。

気になってお墓参りに行くと、私にとっての曽祖父にあたる茂三郎さんは昭和13年に82歳で亡くなっていたと、墓石に刻まれていました。あの頃にしては高齢だねえと父に話を振ると、父親は幼心に朝からずっと一升酒を飲んでいるというようなイメージしかなかったとか。なんともまぁ、呑気な戦前のひとこまのような感じです。小学校に上がるか上がらないかの子供時代の父親から見たら、時代は戦局へと向かう寸前の、のどかな風景だったはずです。

よく談志は「昔の人間は、病気とかで死んだんじゃない。飲みすぎで死んだんだ」と言ってましたが、現代と比べて医学が未発達な時代に80歳過ぎまで生きた曽祖父は、近所でも一番の長命だったらしいです。そんな曽祖父が徒歩で伊勢神宮にまで行っていたことに、私は限りないときめきを覚えたものです。

健脚だから長生きしたのか、もともと長生きするような体力だったから長野から歩いて伊勢神宮まで行けたのか。いずれにしても、曽祖父と同じ行動をして曽祖父と同じ経験をしてみたいとの思いに至り、歩きではありませんが、お伊勢参りを無性にしたくなってきました。ご先祖様との血の繋がりを確認することが第一で、後からカミさんに「伊勢神宮は最高のパワースポットなのよ」と聞かされてびっくりしました。

一番最初に訪れた時のことは忘れません。新幹線のぞみの始発に乗り、名古屋経由で伊勢に入ったのですが、あの大きな鳥居をくぐった時のさわやかな風の匂いには感動して涙があふれてきたものです。茂三郎さんが嗅いだのと同じ香りだったはずでしょう。確実に私とご先祖様とをお伊勢さんが繋げてくれました。たどり着けただけで感激を覚え、以後、毎年訪れるようになりました。

また、近くの猿田彦《さるたひこ》神社は芸能の神様ということで伊勢参りの後は必ず立ち寄るのですが、友人のザ・コンボイのジュリさんを通じて何度かお会いしたEXILEのTETSUYAさんも頻繁に訪れている繋がりで、宮司さんを通じてお互いの近況を報告し合う間柄にもなり、ますますその距離を縮めています。

箱根九頭龍神社は、水道橋博士さんのメルマガ連載陣として仲良くさせてもらっているバラエティプロデューサー・角田さんに勧められての参拝でした。角田さん曰く、「必ず一度は行くべきです。驚くことがありますよ。特に龍に関連することがあります」とのことで、半信半疑で訪れたのですが驚きました。まず、こちらの権禰宜《ごんねぎ》のSさんが同郷で、弟の友人の従姉妹ということが判明。不思議なご縁に驚きです。さらには初めてお参りしたその帰り道、翌年1ヶ月間のNHKラジオ第二放送への出演が決まり、担当の方のお名前がなんと龍に繋がる「辰巳さん」でした。眉唾ものにしては合点が行きすぎていますよね。

そんな流れで、無意識のうちに神社仏閣をお参りするようになると、必然的にそちら方面に詳しい人とさらに繋がるもので、神社仏閣を巡るのを趣味とし、商売繁盛を叶えているような方々との親交が深まっていくことになりました。

そして、たまたま日蓮宗のお寺さんでの仕事が増えてきたことが、標高１９８９mを誇る富士山の展望美しき山・七面山に登る気運を高めたのでしょうか。

思えば、長男坊がカミさんのお腹に宿った頃のことでした。日蓮大聖人《にちれんだいしょうにん》立教開宗７５０周年に当たる時期で、熱烈な談志マニアである日蓮宗のお上人様方によって、立川流の当時の前座４人が演じる日蓮聖人の法要劇が企画されました（ちなみに、私はその法要劇での狂言回し的な安房《あわ》小湊《こみなと》の漁師の役でした）。

それがご縁で各地の日蓮宗のお寺に呼ばれることになり、日蓮聖人の半生を描いた芝居の後、我々の本業である落語を演じ、その笑いとの絶妙なバランスが好評を博して、おかげさまで引く手数多《あまた》となりました。

当時真剣に心配だった出産費用も、その芝居のおかげでなんとか稼ぎ出すことができました。そんなご縁とご恩もあり、日蓮大聖人様へのお礼も兼ねてという意味で、いつかは七面山へという存在にまでなったのです。全て繋がるのですね。

32. 縁や恩に応える

前項でもお話ししたように、七面山登山は必然的にたどり着いたラスボスのような存在となりました。七面山にはすでに数十回登っている方ふたりと、私を加えた３人で登ることになりました。普段からジムに通っていて足も鍛えている私としてはワクワクしてきました。

標高こそ１９８９ｍですが、身延山《みのぶさん》とともに法華経《ほけきょう》信者の聖地として崇め奉られている霊山です。文永11（１２７４）年日蓮聖人が身延山に入山し、そこに設けた草庵で、ひたすら法華経読誦《どくじゅ》の日々を送ります。その草庵をとりかこむ山々のうち西方にひと際高く屏風のようにそびえ立つのが七面山です。

七面山は、日蓮宗の関係者のみならず、信仰の山として各界著名人らがこっそり登る山とのことです。私もトレッキングシューズを新調し、冬山登山対応で防寒対策も入念に行い、初七面山に挑みました。登った時期が12月ということ、加えてマシンで鍛えてきたのとは勝手が違い、初心者としてはかなりハードでした。

山頂にある敬慎院《けいしんいん》にたどり着くと、なんといきなり両足がつってしまいました。また折からの吹雪にあおられて、下山する時刻が夜になってしまい、ヘッドライトを点けての強行軍となりました。さらにまたトレッキングシューズがきつすぎたせいで、両足の親指が腫れ上がり、内出血までしてしまいました。

振り返れば、まるで落語の『鰍沢《かじかざわ》』のような雰囲気でもありました。この本でも申し上げたように山奥で吹雪に遭い、一軒家に駆け込むと、そこにいたのはかつて自分も相手をしてもらった女郎・お熊だったというあのストーリーです。

おっと、場所も身延の山奥、しかも『鰍沢』自体も日蓮宗をプロパガンダするように作られたような噺でもあります。図らずも登りながら、その名作落語の登場人物の心情を稽古していたようなものでした。

激痛は３日で治まりましたが、その２ヶ月後、足の親指がパックリそのまんま抜け落ちるかのように外れました。プチスプラッタ経験でもありました。ほんときついお山でありましたが、やはり達成感には代えられません。

そんなわけで、長男坊の出産費用のみならず、日蓮宗のお寺でのお仕事で芽生えたご縁のおかげで、その後生まれた次男坊共々元気に育てられるほどの稼ぎをいただいたお札を、七面山に登詣したことできちんとさせていただくことができました。以来、年に1回は必ず七面山に登るようにしています。

神社仏閣を巡ること、また付随するような霊山まで登り始めたのは、ゲンを担ぐというよりも、なんだか向こうから呼ばれているような感覚なのであります。もっとも、ゲンを担ごうというキッカケがそうさせたのかもしれませんが。

そういう意味でいうと、ゲンというものは、担ぐというより、知らず知らずのうちに気がつけば担いでいたという具合になるもののような気もします。巷でゲンを担ぐとされることが意識的な行為だとすれば、ご縁とかご恩に応える無意識的行為こそ本当のゲン担ぎかもしれません。

まして、初の七面山が、そのような過酷な環境での登山だったというのも、黄泉《よみ》の国から日蓮様、そして師匠談志が「落語というのは、頭で覚えてやるものじゃない。きちんとリアルな体験をもとに喋らないとお客様を説得できないぞ」というメッセージを送ってくれていたのかもしれません。受け手の感受性こそゲンを担ぐことの基本ではないかとも思います。

落語家というのは、つくづく人に甘えるのが仕事なんだと思います。これは、依頼心などからくる発想ではなく、落語は「世間に甘える」という、幾分柔らかな形でないと成立しにくいものなのかもしれないという考えです。ある意味、甘えというのは対象を信じていなければできない行為でもあります。

これが例えば日用雑貨に代表されるような生活必需品ならば、自らその必要性を連呼し、他社より少しでも値段が安いことなど、ほかの商品よりも優れた点を声高に訴えないといけないのでしょうが、明日からなくなっても誰も困らない商品である落語は、落語や落語家を好きになった善意あふれる第三者が、それとなく上手に訴えないと商売は成り立ちません。

つまり、落語とは非常にセンシティブな商品なのであります。お客様の想像力を前提として信じないと取引できません。

まず、信じることから始まる世界です。そのための訓練を、師匠を通じて徹底して行うのが前座修行であります。

敏感なものを販売する以上、目に見えない神や仏を信じようとする傾向は、他業種以上にあるのでしょう。だからこそ、神や仏に繋がるはずのご縁とかご恩を大事にしようという心構えの象徴的行為こそがゲンを担ぐということだと思います。

33. 人を喜ばせる20分前行動

恥を忍んで申し上げます。私、カミさんに「あなたと旅行とかに行っても、せっかちだからとても落ち着かない」とよく言われます。せっかちなわけじゃない、次の行程が異様に楽しみで仕方ないんだと屁理屈をこねてはいますが、これはもはや性分なのかもしれません。

自慢ではありませんが（自慢ですが）、とにかく待ち合わせ場所に生まれてこのかた遅れたことは全くありません。20分前には集合場所に必ず到着していないとイライラしてしまうタチなのです。

根っからのせっかちのなせるワザなのですが、これはいいことずくめです。落語会の会場にも2時間ぐらい前に着くのが当たり前です。そうすると、会場近辺の喫茶店やレストランなどでゆっくりする時間が確保でき、落語会の戦略を練ることが充分に可能となります。笑福亭鶴瓶師匠などもそうしているようで、地方の落語会の会場には早めに入り、付近の情報に触れ、当日のマクラなどもそれらに基づいて作るとのことでした。

笑いはある意味、落語家とお客さんとの共通言語です。お客さんは普段からその土地で生活しているので、他者から見たおかしい点などに気づくきっかけは、なかなかありません。そこを、外部からの一夜限りの闖入者《ちんにゅうしゃ》たる芸人がひと言マクラで客観的に触れたりなんぞすると、たちまちのうちにそれが共通言語となり、両者の距離は一気に縮むものです。

前座時代に私の故郷・長野で落語会があり、駅から会場まで向かうタクシーで聞いたラジオから地元ネタを仕入れた談志の「すごいな、ここは共産党がコマーシャルやってるんだね」のひと言に会場は爆笑の渦になりました。そんな師匠をお手本として、会場近辺の「ツッコミどころ満載な景色」などを、私も極力見つけるようにしています。

時間厳守で早めに会場入りする理由は、準備時間創出のためであり、すなわち、相手（お客さん）に時間をプレゼントするための行為。つまり、未来のための投資そのものでもあるので、時間厳守もまさにゲン担ぎそのものです。

その流れでいうと、原稿の締め切りも、いままで頑なに全て守ってここまでやってきました。無論内容の面白さこそ前提ですが、遅れるということは決してありません。おかげさまでこの本も含めた物書きの仕事が順調に入ってくるのは、そんな信頼関係の積み重ねの結晶ではないかと信じています。

早めに原稿を仕上げると、その分の時間は編集者への猶予期間となります。じっくり原稿に目を通す時間が生じれば、向こう側にもゆとりを与えることになります。つまり自分の時間を相手に付与することで、お互いが安心できる間柄になれるのです。

いいことはこれだけではありません。先日故郷の上田に向かう際のことでした。大宮駅に着くと、北陸新幹線が全線で停電のため不通という知らせが駅構内に駆け巡らされ、乗客がひしめいていました。

私はというと、乗車すべき新幹線の発車時刻より1時間以上も早く着いていたので、冷静にまずは駅員さんに状況を確認しました。そこで得た、長野駅までノンストップの新幹線が出る、という情報を元に素早く該当する新幹線に乗り込みました。長野駅からしなの鉄道に乗って上田まで戻ればいいと判断したのです。

乗車した新幹線が高崎駅で停車することになり、ふと見た隣のホームには長野行きの各駅停車の新幹線が停まっていました。これまた即座に駅員さんに最新の情報を確認。すると、停電が復旧し各駅のほうが早く発車するとのことだったので、すぐさま乗り換えました。

結果、振り返ってみれば20分遅れで済み、さほどダメージのない範囲で上田に到着。なんとか開演には間に合いました。

談志は弟子の遅刻を一切認めませんでした。電車の事故で遅れたという新弟子に「言い訳は聞いていない。お前が電車が遅れるかもという可能性を無視して行動した結果にすぎない」と切って捨てていました。

そういう冷徹さこそが徒弟制度の根本なのです。

厳しい環境で育てられた余波のような、パンクチュアルな私の行動体系ですが、時間厳守で誰も不幸にはならないと確信します。

そして、早めに動くと、目的地近くで図らずも素敵な食堂やら、古本屋やらの面白いお店に遭遇する可能性も高まり、ますますその土地が好きになったりもしますので、まさにいいことずくめだと思います。

目的時間の20分前に現地入りすることは、相手に20分のギフトを贈ること。これは、絶対オススメします。確実にあなたの評価は格段に上がりますよ。私が保証します。

34. 食べ物の好き嫌いをなくす

筋トレでは、どんなにハードに追い込んでも、1回のトレーニングで増える筋肉量は7gだけとされています。過酷で気の遠くなるほどの道程のような気がしますが、逆に言うとコツコツと7gを地道に積み重ねていけば、誰もがボディビルダーみたいになれるという意味においては、快哉《かいさい》を叫びたいほど公平なスポーツであります。

このあたり、生まれついてのセンスや才覚を要求される球技系スポーツに比べて、おおらかさを感じますなあ。まさに二宮尊徳《にのみやそんとく》の唱えた「積小為大《せきしょういだい》」ですな。500円玉貯金で家を買うことができるような感じでしょうか。こういうコツコツ的要素こそが、このトレーニングの魅力であるように思います。

私はゴルフはやりませんが、ゴルフでスカッとドライバーショットを決めた時の爽快感とか、気のおけない仲間と楽しげにコースを回るような親密感などは、筋トレには一切ありません。

いや、ゴルフだけではありません。例えば野球とかサッカーとかの、他者とのコミュニケーションが基本となるほかのスポーツなどとは明らかに一線を画すのが、ウエイトトレーニングです。

ウエイトトレーニングにあるのは、こんなキツいカリキュラムのトレーニングを今日も乗り越えたとか、スクワットで深く腰を下ろせたとか、ベンチプレスの自己ベスト記録を更新したとかの類の達成感のみです。

ささやかなその種の感激が、ちまちまと日々加算されていくと、肉体的には鎧《よろい》のような筋肉が、精神的には自信が、最後のご褒美のようにやってきます。

文字通り、内と外からボディ（体）をビルディング（作り上げる）するスポーツなのですが、取り組むべきは食生活にもおよびます。

摂取すべきは筋肉の原料となるたんぱく質のみではありません。糖質、脂質、ビタミン、ミネラルなどなど多岐に渡って考慮しないと、筋肉はきちんと成長しないものなのです。

なんだか、自分の体で筋肉という盆栽をこしらえているような気持ちに陥るのはそのせいかもしれません。

さて、ここで親に感謝することになるのですが、つくづく自分は食べ物の好き嫌いがなくて良かったなあということ。栄養のバランスもさることながら、好き嫌いが多いような人はやはり飲み会やらに誘いにくくなります。相手に気を遣わせてしまうことになるからです。これは芸人としては致命的です。

好き嫌いがあると可能性が閉じられ、逆にそれがないと、可能性が広がるような感じでしょうか。そういう意味でいうと、食べ物の好き嫌いが極力ないほうがやはりゲン担ぎになるといえます。

無論、アレルギーは生死に関わる部分が出てきますので言い切れませんが、それは別として、食わず嫌いを減らしてみていってはいかがでしょうか？　無理して我慢して嫌いなものを食べる必要は全くありませんが、先入観だけで拒否しているものも中にはあるかもしれません。

実際、自分は好き嫌いがないせいか、全国各地の仕事を通じて出会った方々から、いろいろな名産品をお中元やお歳暮などでいただくことがあります。それをフェイスブックやツイッターなどで、画像つきで「日本一の◯◯をいただきました！」などという謳い文句とともにアップすると、私も直接そちらから購入したいです！　といった反応があることも。私をキッカケにその名産品のファンが増えるのは、まさに三方良しで、私も、生産者も、購入したお客さんもみんなが幸せになるという構図です。

戦前生まれの談志は、生涯を通じて食べ物を粗末にするなと言い続けていました。参加する立食パーティーには談志印のタッパーウェアを持参して行ったものです。私が真打ち昇進した時の赤坂プリンスホテルでのパーティーでも、そのスタイルを貫き、「お前のパーティーで出ていたピラフなあ、あれ旨かった。冷凍して1週間はもった」などと自慢げに話していたものでした。

食べないで捨てるぐらいなら、食べて腹を壊すほうを選ぶとまで豪語してもいました。ま、そんな極端なスタイルから「談志はケチだ」などというイメージが広がったのかもしれません。

目の前の食べ物は、生産者、物流、小売店、そして料理なら作ってくれた人などなど、いろんな方面の人々の手間を経て送り届けられたものです。それを大事にする姿勢は、関わってくれた人とのご縁を大事にするのと同じです。

そう考えるとやはり、食べず嫌いを極力なくし、食べ物を大事にするというのも、大きなゲン担ぎになるはずと確信しています。

35. Dr.コパさんの風水で道が開けた

9年半という地獄のような前座時代を過ごしてきました。前座とは落語界における最底辺の身分のことです。要するに、軍隊でいうならば員数外、頭数には入れてもらえない個性を潰されるためだけの存在です。

なぜそのようなランクが必要なのでしょうか。落語界においては、伝統芸能という特性上、学ばなければならない事柄が数多くあります。それらを身につけるための期間としてどうしても必要なのが前座修行なのです。そして、それがプロとアマとの大きな差ともなります。

ただ他所の団体ですと通例3年もしくは4年ぐらいでクリアし、二つ目という自由な芸能活動が許されるランクに上げてもらえるのですが、立川流の場合ですと、談志の「俺の首を一度でも縦に振らせない限りずっと前座だ」という厳しい掟があり、私の場合は歌舞音曲の中でもとりわけ歌が引っかかり、かくも長期間を下積みで過ごすことになりました。

そんな形で長い前座時代を過ごしていたその後半期に、前座の分際で結婚するとはなにごとか！　と師匠の怒りを買いながらも、いまのカミさんと籍を入れました。埼玉県川越の8万円の安アパートで住まい始めましたが、なんとかカミさんひとりぐらいは食べさせられるだけの稼ぎは前座ながらも確保してはいました。

当時はひたすら談志の課した歌舞音曲の基準をクリアしようと必死でしたが、そんな私に呼応するかのようにカミさんも必死にある物事に取り組んでいました。

それが、Dr.コパさんの風水でした。コネも才能もなにもない私が、他動的な要素にも左右されないように、とにかく運気を根本から上げようというカミさんの姿勢は涙ぐましいほどでした。まずは、仕事運や金運が上がるようにと取り組んだのですが、効果はみるみる表れてきました。

当時、比較的時間のあったカミさんが、コパさんとは別の人の風水と比べてみたのですが、ほかの方の風水は細かすぎて実行するには手間や時間がかかりました。さすが、コパさんの風水がメジャーになる理由がそこにもありました。

そんな風水効果もあってか、カミさんと結婚してから、3ヶ月後、二つ目昇進の許可を師匠からいただくことになりました。

カミさん共々風水に取り組む前の私は、人間は努力だけでなんとかなるものというような考え方に固執していました。対してカミさんは結婚前の一時期、なにをやってもマイナスな期間があり、それをコパさんの風水に頼って解決してきたという実績に基づいて、頑な私とは対照的でもありました。

結果や効果が出るまではカミさんの主張に正直懐疑的でしたが、「努力は否定はしないけど、そんな努力を活かすも殺すも、まずは運気を上げるという前提がないと意味はない」というカミさんの主張がいちいち響いて、心に刺さってきました。

かつての自分もそうでしたが、大学受験も含めて、いわゆる努力だけで這い上がってきた人は、努力しない人を軽蔑しがちです。それは無論正しい感覚なのかもしれませんが、努力できない環境で生きざるを得ない人に対してまでも、やや攻撃的になりがちでした。これの極端バージョンが、生活保護は甘えだ、でもあり、全て自己責任論でもあります。

そういう意味でいうと、コパさんの風水は誰に対しても公平に感じました。「東に赤、西に黄色」というわかりやすいところから始めてみたのを懐かしく思い出します。

徹底し始めると元々の凝り性がそれをさらに促進させて、気がつけばカミさん以上に風水に凝るようにまでなっていた私です。

逆に、そこまで凝って成果が出ないのは、それこそ自分の努力や工夫が足りないのでは？　と、自問自答するようなレベルまで到達しました。

カミさんが大掛かりな子宮筋腫の手術をしたこともあり、子宝は半分諦めていたにも関わらず、その後、ふたりも授かりました。また、二つ目を4年弱でクリアし、真打ちに昇進、以来さいたま市内に居を構えて、住宅ローンに追われる毎日であります。

そして、コパさんともそんなご縁をきっかけに親しくさせていただき、非常に充実した日々を送ることができています。初めてお会いした時、『大事なことはすべて立川談志に教わった』（ベストセラーズ）を献本したのですが、「本は最低3冊出しましょうね」とのアドバイスをいただきました。なんとかそのアドバイスに忠実になろうと思っているうちに、気がつけばこの本も含めて11冊も出版していました。

まだまだ、おまじないのようなイメージがあり、やや誤解されがちな部分もある風水ですが、目に見えない物事に対して謙虚になれた結果、周囲に対して感謝できるようになったという意味で、私にとっては大きな存在です。

トレーニングは
裏切らない!!

第6章

江戸時代の人から学ぶ開運体質

36.「ゴマすり」は最大のゲン担ぎ!?

落語がこの世に芽生えたのは、江戸時代でした。江戸時代末期、文化文政時代の後半には江戸で落語を口演する寄席の数が130軒近くにもなっていたとのことです。これは家康が開いた江戸幕府の長期政権化による治安の安定によるものです。

文化というものは、平和からくる呑気さから得てして生まれるもので、江戸の町が生傷絶えない戦国時代のようだったら、落語のような、世界に誇るべき素っ頓狂な芸能は絶対に発生しなかったのは確かなことだと思います。人一倍律儀な師匠・談志が徳川家贔屓だったのには、落語を生んだ歴史の背景をきちんと把握し、恩義を感じていたからだと信じています。

落語の原点をたどると、江戸初期の僧・安楽庵策伝《あんらくあんさくでん》に突き当たります。策伝が幼少時より聞き集めた『醒睡笑《せいすいしょう》』こそが落語のネタ本の原典、大バイブルです。浄土宗の説教師であった策伝は、同時に御伽衆《おとぎしゅう》でもありました。御伽衆というのは、大名の話し相手、ズバリ言うとゴマすり役でした。

そんな御伽衆をさらに遡上してみると、曽呂利新左衛門《そろりしんざえもん》にぶつかります。豊臣秀吉の御伽衆として名を馳せた人物です。本当は実在していないとか、実は策伝と同一人物だとか、諸説ありますが、この人こそ落語家の原点で、ゴマすりというゲン担ぎで秀吉に取り入った人ではないかと思っています。

「え？　ゴマすりがゲン担ぎ⁉」と驚かれるかもしれませんが、いや、ゴマすりこそ最大のゲン担ぎなんです。

ゴマすりとは、相手に対して機嫌をそこねることなく気に入られるように振る舞う行為の総称を指します。この時代だと対象は、時の権力者であります。

具体例は、寒い日に織田信長の草履を懐に入れて温めていた秀吉の、有名な行為です。出自が低い秀吉からしてみれば、このゴマすりがキッカケで、信長に気に入られることができたという意味では、充分に未来を変えること、つまり開運行為であり、すなわちゲン担ぎであったのです。

その後の出世という現世利益をもたらした点においては、パワースポットたる神社に多額のお金を寄進する以上の効果があったはず。そんな、生来の人たらしの秀吉のお側に仕えていたとされているのが、曽呂利新左衛門です。

ある時、秀吉は患い、病床に伏せました。折しも、秀吉が愛でていた松が枯れてしまいます。

「縁起が悪いなあ。じゃあ、俺の命ももはやこれまでか」

ひどく落ち込んだ秀吉に、御伽衆である新左衛門はこう歌を詠みました。

「御秘蔵《ごひぞう》の常盤《ときわ》の松は枯れにけり　千代《ちよ》の齢《よわい》を君に譲りて」

千代も続くといわれている松が枯れてしまった理由は、自らの寿命を殿に譲ったからですよ。だから殿はますますお元気になるはずです、というような意味でしょうか。

秀吉はなるほどと膝を打ち、病は気からを実践するかのように、以後みるみる快復していったとか。こういう機転こそ、まさにゲン担ぎの本質であるように思います。ましてや、秀吉自身もかつては同じような心根で主人の信長に仕えてその地位を得たのですから、新左衛門の気遣いはズシンと響いたに違いありません。

かつて担いだゲンがいままた目の前で担がれているという、絆や系譜をさぞ感じたことでしょう。

我々落語家は、こういう人たちの歴史的なゲン担ぎの延長線上に存在しているのだといっても過言ではないと思います。

わが故郷の英雄、真田昌幸《さなだまさゆき》・幸村《ゆきむら》親子も、そんな視点から見ると、命がけのゴマすりというゲン担ぎで未来を確定的なものに近づけて、お家存続を図りました。山間の小さな藩主にすぎない真田は、今後覇権を握るのが徳川家か豊臣家か、さぞ悩んだはずでしょう。

そこで、最終的にどちらに転んでもいいように、長男の信之《のぶゆき》を徳川家に、次男の幸村を豊臣家にそれぞれ人質として預けるという、想定外の振る舞いを繰り出し、なんとか難を逃れます。

結果として、徳川が天下を取りますが、その後も信之は家康にも重宝され、歴史に名を残すことになります。目に見えないはずの真田家の未来が、昌幸の博打にも似た命がけのゲン担ぎによって繋げられていったのです。

こういう深い配慮の施されたゴマすりを、ゲン担ぎと言わずしてなんと言うのでしょう。

遺伝子を後世へ繋ぐのが、非常に困難だったはずの戦国時代に思いを馳せると、それが安心して行える平和、つまり太平の御代こそ、来たるべき時代の為政者《いせいしゃ》の本分だと家康が悟ったのは、きわめて当然のことだったのではと私は確信しています。

ゴマすりでゲンを担ぐ時代を経て、平和と落語が生まれたのです。

37. 家康と談志の近似性

激しい戦ばかりが続いた戦国時代も、1600年の関ヶ原の戦いの終焉で、一応のピリオドは打たれます。無論、その後豊臣側の最後の反抗でもある大坂冬の陣、夏の陣までは予断を許さぬ状況は続きましたが、家康は先を見越す形で、合戦後は江戸に戻り、新興都市の充実を図ります。実の兄弟ですら殺し合うような戦国時代です。こんな世は長くは続かない。もっと先を見据えようというような、たぎる思いがあったのは想像に難くないはずです。

話はそこから10年ほど遡りますが、1590年に家康は時の権力者である秀吉により関東へ移封《いほう》させられます。移封というのは、わかりやすくいうと強制転居みたいな感じでしょうか。駿府《すんぷ》から新興都市である江戸へと配置させてしまった秀吉の考えは、家康にとって良いことなのか、悪いことなのか、いまだに歴史家の意見が分かれるところでありますが、当時の江戸というのは、水はけの悪い湿地帯で、とても米の生産性の見込める土地ではなかったことを考慮すると、やはり厳しい措置ではなかったかと私は考えます。

ここで改めて、信長と秀吉と家康のキャラを比較してみます。

「鳴かぬなら殺してしまえホトトギス」が信長、「鳴かぬなら鳴かせてみせようホトトギス」が秀吉、そして家康が「鳴かぬなら鳴くまで待とうホトトギス」です。

旧態依然としたシステムを破壊し、楽市楽座《らくいちらくざ》のように来たるべき新しい時代へ向かって更地をこしらえたのが信長でした。改革派の旗手としての役割です。

その後、更地を引き継いだ秀吉は、農民から天下人に成り上がった気概と知略で、刀狩やら太閤検地、そして極めつけは国土の拡張を狙う朝鮮侵略を企てます。

信長、秀吉の二者の革新性と才覚は、極論すれば短期決戦型でした。いかにも戦国仕様の発想です。それに対して、あくまでも「人の一生は重荷を背負って行くが如し。焦るべからず」とわきまえ、来たるべき新しい時代を長期戦として想定し歩んでいったのが家康でした。

なぜ、かような価値観を持ち得たのでしょう。家康は若かりし頃、桶狭間の戦いで今川義元が討たれた後、菩提寺《ぼだいじ》である三河国《みかわのくに》は大樹寺《だいじゅじ》へと逃げ落ちます。もはやこれまでと観念し、先祖の墓前で自害をしようと決意しますが、住職が「厭離穢土欣求浄土《おんりえどごんぐじょうど》」

と説き、切腹を回避させます。

これはどういう意味かというと、いまの戦国の世は、血で血を洗うような戦だらけの穢《けが》れた土地だが、それも長いことは続かない。その穢土《えど》を厭《いと》い離れて、永遠に平和な浄土を願い続けるならば、必ず仏の加護を得て、素晴らしい未来が訪れるに違いない（だから、天命に逆らって自ら命を落とすような真似はよせ！）というようなことでしょうか。

以来家康は、その時の言葉「厭離穢土欣求浄土」を自らの旗印《はたじるし》としてまさにゲン担ぎとします。この言葉で救われ、そして未来を変えてもらったと悟ったからには、自らを戦国時代の幕引き係として捉え、その役割に燃えたはずです。その決意表明として、この言葉を旗印に持ってきたのではないでしょうか。

その後、時は流れ、穢れた土地と書く「穢土」と同じ発音の地、江戸を新たな居場所と決めます。目の前に広がる江戸は未開の地、すなわち穢土そのものであったはずですが、自分の力で平和が長く続く浄土のような楽園にしてやるぞ、と決意を固めたのかもしれません。

あるいは、マイナスからスタートしたほうが思いは達成されやすいと考えたのかも、というと買いかぶりすぎでしょうか。でも少なくとも、そういう態度で振る舞うことが、助けてくれた住職に報いることになると思ったはずです。

俺はこんな戦いでは死ぬわけにいかないんだ！　一時代のクローザーは、来たるべき次の世のオープナーなんだから。きっと、こんな深い使命感にみなぎっていたはずです。

そんな積年の思いの集大成こそ、平和な江戸の町だったと思われます。50年以上に渡って戦い抜いてきた家康の最終課題として、広がる未開の土地はどのように映っていたのでしょうか。

――たったひとりの熱狂が時代を変える。

そこに、長い落語の歴史において、自分の理想郷を落語人生後半期に立川流に見出した談志との相似形を感じてしまうのです。

また、そもそも世を変える発端となったのも、自分にとっての福音の言葉を旗印に据えた家康のゲン担ぎからだったといえるのです。

すみません、やや家康贔屓になりすぎましたが、そう考えるとロマンがありませんか？

38. 家康の完膚なきまでのゲン担ぎ

あらかじめお詫びをします。

談志が家康好きだということもあり、そしてまた落語が江戸の泰平のおかげでできた恩義から、もしかしたら家康を過大評価しすぎている傾向があるのかもしれませんな。まあ、それが歴史を再び読み解く際の面白さであり、はたまた幅の広さでもあるので、お許しください。つまりこの本は、落語至上主義の立場で歴史を読み解いている本であるともいえるのです（開き直りですな）。

家康のゲン担ぎは、ズバリ、プラス思考にあります。それは、同じ時期に活躍した戦国大名には見られない気質だったように思います。

信長はあまりに世の中を急変させたことにより、本能寺の変など、部下による裏切りという憂き目に遭遇します。

秀吉は、新たな国土を開拓しようという野心、良くいえば開拓精神が強すぎたことが朝鮮侵略へと繋がって、結果自らの首を絞めることとなり失脚します。

家康は、そんなふたりのマイナスポイントを冷静に見ていました。派手な冒険をやめ、ホトトギスを鳴くまで待ち続けるような了見で、チャンスを待っていたはずです。幼い頃に人質に取られたり、自害寸前のところまで追い込まれたりと、耐えて待つということが訓練になっていたのかもしれません。

移封された土地が生産性のない湿地帯だったとしても、決して腐ることも謀反を起こすこともなく、辛抱を積み重ねていけば、いつか飛躍の機会がくるはずと信じ続けて地道に展開させていき、ついには成功します。

前者の信長と秀吉は、調子に乗って新規事業を急に大きく展開しすぎて失敗する経営者、後者の家康は、調子に乗らず本業を小さく産んで大きく確実に育てていき成功する経営者として比較できるかもしれません。

目の前の湿地帯・江戸の未来図をはっきり見て取った家康は、即戦力の社会人ドラフト№1選手を獲ろうというのではなく、育成枠で上手に育てれば花を開かせる将来性がある選手を狙おうとする、名監督にも似ていますなあ。

プラス思考は未来思考であり、その実現には時間がかかるので必然的に長期思考にもなります。

水ハケさえ良くなれば、つまり手間さえかければ、関東一帯は米どころとなると見込んだ家康は、自分の代のみならず子々孫々《ししそんそん》に渡って時間をかけて河川整備に向き合います。利根川《とねがわ》を東へとずらすという大灌漑《かんがい》工事を、自分亡き後も子孫に任せて長期に渡り完成させ、穀倉《こくそう》地帯へと変換させたのが好例です。

治水こそ統治というのが、戦国時代からの支配階級の発想でした。河川を治めることのできる武将がその土地を管理できたのです。武田信玄は荒れ狂うほどの流れだった笛吹川《ふえふきがわ》を治め、付近一帯の統治にも繋げることに成功しました。

治水には洪水の度に堤防を直すなど時間がかかるものです。君臨統治達成のためにも、まず基本となるのは安定した長期政権だったはずです。

自らが夢見た長期政権のために家康が用いたのが、風水でした。新天地である江戸に風水を用いて、徹底的にパワースポット化させていったのです。風水は当時の最先端科学であり、まさにゲン担ぎそのものでもありました。

家康の開運アドバイザーは、南光坊天海《なんこうぼうてんかい》という天台宗の僧侶でした。天海はとにかく方角にこだわります。江戸城から見た鬼門《きもん》（東北）に寛永寺《かんえいじ》を、裏鬼門《うらきもん》（西南）に増上寺《ぞうじょうじ》を置き、それぞれを徳川家の菩提寺とします。さらには寛永寺の脇に上野東照《とうしょう》宮《ぐう》、そして浅草にも家康を東照大権現《だいごんげん》として祀《まつ》る浅草寺を配置するという念の入れようでした。

それだけではありません。鬼門の延長線上に日光東照宮、裏鬼門の延長線上に久能《くのう》山《ざん》東照宮を置き、そこには信長と秀吉を祀って、邪鬼《じゃき》を完全にシャットアウトするという、完膚なきまでの盤石体制を築き上げたのです。

一説によると、同じく鬼門方面に当たるエリアにある吉原、上野、両国に、それぞれ遊郭、寄席、相撲場を置いたというのも、風水によるガス抜きで、庶民の鬱憤《うっぷん》を晴らすのに役立ったのではといわれています。

性と笑いと暴力は、ともすれば国家反逆にも繋がりかねないパワーを有するものです。それらを完全に禁止してしまうと反逆のパワーは為政者に向けられてしまいます。そうならないように上手に毒気を抜いて管理するために、風水の知恵が用いられていたのかもしれません。

以上、完全に正しいとは言い切れない理屈ではありますが、将軍家が十五代も安泰に続いたという事実と照らし合わせてみると、風水は非科学的とは断定しきれないような気がしますなあ。

39. ゲン担ぎが大好きな江戸町人たち

家康のすごいところは、ほかの戦国武将に比べて、恨まれるケースが極めて少なかった点でしょう。74歳まで生きたという、当時としては異例中の異例の長寿を獲得できたのがその証拠です。

ところで、立川流の前座から二つ目への昇進基準のひとつに講釈《こうしゃく》があります。話芸のさらなるスキルアップとして談志が前座に課したものですが、修羅場《しゅらば》語《かた》りという軍記物の『三方ヶ原《みかたがはら》軍記』は特に必須科目でした。

「頃は元亀《げんき》三年壬申年《みずのえさる》十月十四日、甲陽《こうよう》の武田大僧正《たいそうじょう》信玄、七重《ななえ》のならしを整えて、甲府八つ花形を雷発《らいはつ》なし……」などと語り出しますが、談志はその語りのリズムとメロディをこよなく愛していました。

この習得を期して、『三方ヶ原軍記』のひと幕である、戦国部隊が広がる『五色備《ごしきそな》え』、旗印の家紋が展開する『紋尽《もんづ》くし』などを、大学入試における傾向と対策と同じように、確実に昇進試験にて問われるものとして修練に励みました。本当は講釈師になりたかったという談志のテープを、必死に聞いて覚えたものです（講釈師になったとしても大成したであろう見事な語りでした）。

さて、実際の三方ヶ原は現在の静岡県浜松市にある地域ですが、そこで家康は武田信玄の軍団と一戦を交え、敗退します。そのあたりが『三方ヶ原軍記』に描写されています。

家康にとっての長年のデスマッチ相手がまさに信玄でした。信玄こそ永遠のライバルだったのです。そして、家康の一番すごいのが、信玄を相当リスペクトしていたところです。かなりの屈辱を受け、また同時に辛酸も舐めてきたのですが、武田家を滅亡させた後も、その遺臣団《いしんだん》は厚遇し、優秀な武将は積極的に自軍に取り立てる差配をしました。

これは、モンゴル帝国を築いたチンギス・ハーンの手法でもありました。かようなアフターケアは、遺恨を限りなく緩和させます。恨まれにくい生き方も、未来を安心安全に歩む可能性を高くするという意味で、ゲン担ぎであります。

家康は、信玄の戦術や戦略のみならず、家訓までもかなり参考にしていたとのことですが、このあたりの精神は、信玄の家訓にある「全勝は相手に恨まれ、自軍にも奢りと気の緩みをもたらす。戦には半分勝てばいい」からの引用かもしれません。

忍の一字で天下統一の権力を手中に収めたのは家康が58歳の時でした。いまでこそ定年間近とはいえ、まだまだ壮年期として人生の後半戦のスタートのような年齢にすら見えますが、平均寿命も現代とは違って限りなく短かったあの時代の58歳です。すでに老境の域だったはずです。

最後の理想郷を江戸に見出した家康でしたが、自分一代ではその夢を完全に成就させることはできないと察していたのでしょう。だからこそ、前項で述べた風水の徹底化により、時間的猶予を狙ったともいえます。

江戸のいわば開祖たる家康の創業者精神は歴代将軍へと受け継がれ、支配階級の武士のみならず、そこで暮らす末端の町人たちにも影響を与えていきます。

士農工商という身分制度の確立は、無論マイナス面はありますが、安定という余禄《よろく》をもたらします。一部の商人の管理者クラスには冥加金《みょうがきん》なる課税はありましたが、一般町人はほぼ無税でした。

つまり、働いた分だけお金が全部自分に入るという、税制上においてはある意味ユートピアだったのです。

これは後述する、地方の農民への過酷な課税である年貢の収益が莫大だったから実現できたことですが、いずれにしても、限られた空間の中でしたたかに自由を確保し享受してきたのが江戸町人でありました。

そんな中で江戸っ子たちは、宵越《よいご》しの金は持たない、金を貯めるなんて江戸っ子の生まれ損ないだなどと、お金をスパッと使うのを美徳として、貯蓄に励むのを唾棄《だき》する生き方を良しとするようになります。

まさにこんな潔さこそゲン担ぎそのものです。全て消費に回すような作法は、確実に経済を回し周囲を潤わせるからです。

家康が風水リアル実験都市として、江戸の町全体をゲン担ぎ装置として機能させた余波が、その家来、そして、そこに住む人々へと、時間をかけつつも確実に及んでいったのでしょう。

江戸町人のゲン担ぎ大好きスイッチを押したのは、同じくゲン担ぎ大好きな家康だったのだろうと思います。

ゲン担ぎがゲン担ぎを連鎖するなんて、江戸は繁栄せざるを得なかったともいえるのかもしれません。

40. 江戸っ子の気質が生んだ落語

さまざまな局面から江戸の人々のゲン担ぎについて考察してきました。当初は、明文化するには微妙な行為のような気がしていましたが、書き進めていくうちに、おぼろげながらだんだんその輪郭が見えてきました。

ゲン担ぎとは、断ち物に代表される行為のように、その場では若干の苦痛を伴いがちだが、積み重ねが将来大きなリターンとなるものの総称であるように思います。

ゲン担ぎとはまるで送りバントのようです。送りバントも、目の前のアウトの代わりに次の場面での成功を狙う行為です。つまりゲン担ぎとは、元来犠牲的なものなのかもしれません。

しかし、「ゲン担ぎ＝犠牲」というような滅私の意識を持たず、心意気で処理してしまう潔さを、江戸っ子は「粋《いき》」として憧れの生き方、目標としていました。

その反対が「野暮《やぼ》」で、蛇蝎《だかつ》のごとく嫌っていました。また粋が行きすぎるというのも「気障《きざ》」と称して拒絶していました。

粋の大元はやせ我慢なのかもしれません。考えてみたら、江戸の町自体がそんなやせ我慢を常に要求する環境だったのではと思います。

江戸っ子たちは九尺《しゃく》二間《けん》（間口約2.7m×奥行3.6m）という狭い長屋に、数人で住むというような住環境をやり過ごし続けました。

当時100万人を超える世界最大の人口を有する都市であり、窮屈であったはずなのに、暴動らしい暴動なども起きなかったのは、そういうやせ我慢のおかげだったのではないかと推察します。

薄い長屋の壁からは、隣の家の話し声などが丸聞こえだったはずです。また、井戸端で行水《ぎょうすい》に浸かっている隣家の娘の裸なども丸見えだったと思われますが、聞こえるのに聞こえない振り、見えるのに見えない振りをするやせ我慢は、積み重なって江戸のエチケットへと昇華していきます。

会話を聞こうとしたり、入浴姿を覗こうとしたりするのは野暮で、江戸っ子の風上にも置けないといった具合に断罪されていったのでしょう。当然、周囲からの監視の目も厳しく、その町のコミュニティでは生きていけない、ある意味死刑判決を受けて、逸脱せざるを得ないようになっていったのではないでしょうか。

また、長屋の大家さんは、管理人としての役目も仰せつかっていました。大家といえば親も同然、店子《たなこ》といえば子も同然というフレーズは、店子の不始末は自分の不始末としてお上《かみ》から断罪されるという意味でもありました。

日本人の空気を読むという微妙な感覚は、こういうところから生まれていったように思われます。

周囲の目が監視カメラ的になる社会は、プライバシーの観点からだと確かに微妙にはなりますが、その分、長屋から縄付き（犯罪者）は出さない、よそ者には常に目を配るという意味での安全を担保します。

さらには、周囲の目から自分はどう見られているのだろうと自分の行動をチェックするようになり、結果として、自分の振る舞いが他者にどういう印象を与えるのかという、いわゆるメタ認知力のアップをもたらすことになります。

この思考が下地に根付くと、例えば、大家さんが苦虫をかみつぶしたような顔色で咳払いをしたという現象や現実が、「これはなにかあるに違いない」という想像に発展します。

そしてついには、大家さんがみんな集まれといっているという情報だけで、「店賃の催促に違いない」と余白を汲み、推測することにまで高じたりします。これはそのまま落語の『長屋の花見』へと繋がっていきます。

ゲン担ぎの源であるやせ我慢が、現代日本の流行り言葉にもある忖度《そんたく》を生みます。そこからさらに想像力を働かせると、状況説明なしでいきなり会話から入るスタイルでも意思の疎通ができるようになっていきます。

かくして、落語の原型となっていったのではと、ま、「想像」に近いレベルでありますが、これが落語誕生の背景ではないかと感じています。

つまり、江戸っ子の中に、会話と会話の間に対する読解力という、落語が花開く前提条件が成立していたのではないでしょうか？

無論、あくまでも私の見解は仮説にすぎません。

ただ、江戸っ子のゲン担ぎ体質が、落語という優れた文化を発生させる礎になったのかもと思うことで、より落語に対して謙虚になれるような気がしませんか。

名もなき江戸っ子たち一人ひとりに感謝しつつ、噛みしめるように落語を語る。そんな気持ちで毎回高座に挑みたいものであります。

41. 江戸の町を支え続けた農村のゲン担ぎ

目の前に起きている現象は、過去の原因による結果であります。原因と結果を、仏教では、因果応報《いんがおうほう》といいます。師匠談志は、これについて潜伏期間という言葉を使って説明していました。

あれほど口を酸っぱくして歌舞音曲の修練に努めるようにと言い続けてきた師匠に対して、危機感すら抱こうとしない、煮え切らない態度の前座時代の私に、こう言いました。いや、言い訳がましく聞こえますが、私としては必死にやっていたのですが、談志の基準からは逸脱するもので、それも含めてやっていない！　と断罪したのです。

「芸事なんて、すぐには身につかない。だからといってやらないでいると、〝やらない歴史〟がそのまんま、積み重なるだけだ。やってりゃ時間はかかるかもしれないが身についてくるものだ。病気だってそうだろ？　いきなり体の具合が悪くなるわけじゃないんだ。原因があって、その間〝潜伏期間〟になっているだけだ」と。

何事も潜伏期間のように、密やかに進行していくもの。いざ、表に出てきたものがすごいものだとしても、そこで慌てふためいてもムダだということでしょう。そこにはプラスもマイナスもないと察します。なにもしないで漫然と過ごす者には厳しさしかありませんが、コツコツと地道に努力を重ねる者には福音となるような言葉です。

なにが言いたいのかというと、話は幾分飛躍しますが、江戸の平和と繁栄という結果は、地道な背後の積み重ねが原因だということです。

歴史の面では家康の血の滲むようなゲン担ぎがありました。

経済面から考えると、江戸をバックアップし続けてきたのは、はっきりいって、地方の農村でした。江戸幕府はお手伝い普請《ふしん》と称して、石高《こくだか》1000石につきひとりの人夫《にんぷ》を徴収するなどして江戸城近辺の整備のために労働力を募りました。江戸中期には周辺河川の整備にその人員が使われました。

ここからは想像ですが、農村にしてみれば口減らしの意味もあったと思います。農民の次男、三男は江戸へと向かわせられました。故郷を捨てた寂しさを紛らわす形で、江戸の町を謳歌したはずです。江戸町人は基本無税。稼いだお金は全て消費に回せるほどの江戸幕府の裕福さは、後年安定度が揺らぐとはいえ、全国に散らばる天領からの年貢で相当潤っていたからこそであります。400万石もの莫大な経済力が、江戸町人の下支えであり、同時にそれが江戸文化を生むバックボーンにもなったわけです。

ふと思いました。これって、ふるさと納税の逆パターンではないかと。地方は、江戸に対して労働力のみならず、年貢米も供出していたのです。

潤沢な資金力があってこそ繁栄した江戸の町。町人たちはその余禄を享受し、幸せだらけかと思いがちですが、ひとつの辛さがありました。それは、若年労働力を一気に集めたことによる男女比不均衡からくる所帯の持ちにくさです。

都々逸《どどいつ》にこんな詩があります。

「九尺二間に過ぎたるものは 紅の付いたる火吹き竹」

九尺二間という貧乏手狭な長屋住まいだけれども、贅沢のような女房をもらえた。その象徴が口紅の付いた火吹き竹だった、というような意味でしょうか。男女比は概ね7対3だったというデータがあります。つまり、結婚できるというのは非常にレアケースで、それゆえその僥倖《ぎょうこう》を長屋の人々は憧れとして受け止めていたのでしょう。そして結婚できない男たちのガス抜き装置として幕府が公認した吉原の存在も、やはり機能的でもありました。

一方、所帯を持って、子々孫々の行く末を見つめることができる立場の農村の長男たちには、重い年貢が課せられていました。苦しい課税がありながらも、子供や孫の成長を見届けるささやかな「タテの喜び」を見出すか、それとも、所帯を持つことは半分諦めながらも、まさに落語の登場人物たちのように長屋の独身仲間と無税同士触れ合う「ヨコの喜び」を分かち合うか。極論すれば、このふたつに収束しそうな感じです。

長野県で育った私ですが、生まれ故郷の周辺は全国的にも百姓一揆の多発したエリアでした。重い年貢に苦しむ農民を救ったヒーローを描く義民伝《ぎみんでん》をしたためた石碑には「子々孫々のため」という言葉が頻繁に刻まれています。その首謀者には死罪などの重罰が科せられていましたが、やはり自らを犠牲にしてまでも後々の世代を思う姿には、尊さと誇りを覚えるものです。

また、連判状《れんぱんじょう》に記された辞世の句はどれも知性あふれるものばかりです。江戸の町の安泰と江戸文化の爛熟《らんじゅく》の裏側にある地方の農村の熱い思い。

これもゲン担ぎそのものではなかったかと確信しています。

42. 鎖国が開運をもたらした

仮説に次ぐ仮説だらけが続きます（笑）。

ま、私は歴史の専門家ではないのと、こう捉えたほうが落語家らしくて面白いのではという、ただそれだけの考えでこの本を書いてきています。

それにしても、です。江戸時代ほど、現代社会に影響を与えた時代はないように思うのは、私が落語家だからでしょうか。落語、歌舞伎、江戸前寿司、蕎麦などいまの世にも江戸時代から続くものがたくさんあることに鑑みると、それだけではないような気にもなりますな。

江戸しぐさが一時期もてはやされましたが、後に正当性や根拠を疑われ、実在しなかったと断罪されて、その影は完全に消えた格好となりました。私も、江戸っ子たちの間には、悪いのは向こうなのにエチケットとして自分が謝ることで相手にそれを気づかせる、「うかつあやまり」というのがあったんだ、と受け止めました。なんて奥ゆかしいんだと、江戸文化を受け継ぐ立場である落語家として一瞬納得しそうにもなりました。完全なるひいきの引き倒しでした。

とはいえ、いまの世の中より江戸時代のほうが文化レベルが高かったのではという考えが、「江戸しぐさ」なるものが本当に存在していたんじゃないか、というミスリードに繋がったのではと思います。

それぐらい江戸文化というのは、近そうで遠くて、遠いけど近そうな、ミステリアスな部分があるような気がします。

談志は「不快感の解消を人の手を借りてやるのが文明で、自分の手で処理するのが文化」と定義しました。明確な文化文明論です。文明開花以前の江戸は、全て自分の手で処理するしかなかったという意味においては、談志の定義でいう文化そのものが全てだったはずです。

そして、文化の究極は爛熟にあると踏んだ談志はその姿を『あくび指南』の中に見出します。さまざまな指南（教授）所の中で、生理現象であるあくびを教えるとはと、いい意味で呆れていたものでした。「まばたきではなく、あくびを持ってくるセンスがまずいい。まばたきを習うなら石原慎太郎に聞け（笑）」などとも言っていましたっけ。

これは文化が成長、成熟を経て、爛熟になっている前提でなければ生まれてこない発想です。

そして、そんな土壌は、戦国時代のような乱世にはなかなか芽生えにくいのではないかと推察します。江戸時代と、遣唐使が廃止されて国風《こくふう》文化が生まれた平安時代との相似が見えることを思えば、結果として激動の世を否定することにも繋がった鎖国の影響が大きかったのかと思います。

鎖国は枷《かせ》ともなり得ます。足りないものは外国に頼らず、国内のものでなんとか間に合わせるという、経済上での思考にも結びつきます。

この本で、「閉じる」と「開く」について触れましたが、鎖国という閉じた状態が、内燃機関の外壁のような形で社会に作用していたのかもしれません。つまり、鎖国によって、外枠へ出られないという環境が、かえって人々が文化など内面の充実を志向するきっかけになったということが想像できます。

江戸町人の内需思考こそ、江戸各地にできた多数の寄席、そして国内各地への旅を生む原点になっていったのかもしれません。

考えてみると、落語界の前座システムは限りなく鎖国に近い感覚です。その期間は修行中の身ということで、マスコミでの対外的な活動など自分を外部に売り込むことは許されません。師弟関係はあくまでも閉じられた環境です。全ての神経を師匠に向けて、外部とのコミュニケーションをシャットアウトした状態でないと技芸は身につきません。

同期入社の◯◯が課長に昇格したなどという情報は意識的に捨てないと、目の前の芸事を体に染み込ませることはできないものです。

要するに、前座修行の成否は、人工的に脳内鎖国状態を構築できるかどうかにかかっているのです。現代社会においては勇気と覚悟が問われるのが前座修行なのかもしれません。

近年、歴史家による江戸時代は鎖国状態ではなかったというアプローチが盛んになってきて、その正誤が問われていますが、情報が間引かれたことにより確実に守られ、育まれた領域が存在することを思うと、やはり江戸文化における鎖国の役割は多大だったと認めざるを得ません。

また、その効能が落語界に残存していることを思うと、鎖国も広義にはゲン担ぎだったのではと、いにしえの人々の叡智《えいち》に手を合わせるのみであります。鎖国から落語は生まれ、情報鎖国によって現代の落語家も育成されているのです。

重荷を背負って歩くのが家康
あせらずあせらず

第7章

誠慶流こよみ読み解く
げん担ぎ

43. こよみはグーグルだ！

私は少々変わり者かもしれません。大学を出て一部上場企業に3年勤めてから落語家に。しかもよりによって立川談志の弟子になるぐらいですから。

思えば幼少の頃からおかしな子供でした。小学校時代に、日頃困っていることを各委員長に提案する意見箱というものがありました。私はふざけて「放送委員会へ。マイクがうるさいから壊してほしい」と書きました。担任の先生は、こんなことを書いてなにが面白いの！　と怒りましたが、こんなに面白いことが理解できないほうが悪いとずっと思っていました。なぜこんな子に育ったのでしょうか。

全てに原因と結果があると前述しました。

落語家になったことをひとつの結果と捉えるならば、その原因はやはり子供の頃にあり、もっというと両親、そして祖父母の話に行き着くはずです。

私がいままで述べたような形で落語家になった経緯を話すと、「ご両親はさぞ驚いたことでしょう」とまず同情を込めて話をまとめようとされますが、サラリーマンから転身する旨をいざ両親に伝えた時には、さほど驚かれなかったというのが実情です。

父方の祖母は、百人一首を全部暗誦《あんしょう》するぐらいの人で、寝かしつけによく聞かされていました。幼心に、なんでおばあちゃんは昔のそんな難しい話を覚えているのだろうと不思議に思ったものでした。

そればかりではなく、歌舞伎にも造詣の深い人でした。話は幾分飛躍しますが、実家の近くには、東御市祢津《ねっ》の廻り舞台なる歌舞伎舞台があります。江戸時代から連綿と続いている施設で、当時はその近辺が旗本領《はたもとりょう》ということもあり、領主は江戸文化である歌舞伎の上演を大目に見ていたとのことです。

享保《きょうほう》の改革などにより文化が締めつけられ、江戸で食い扶持《ぶち》がなくなった役者たちが都落ちする格好で、地方に活路を見出します。一説によると、それが地方の領民との交流を生み、田舎歌舞伎として根付いたことで、文化水準を上げることになり、現代に至っているとのことです。

この大きな源流は必然的に明治生まれの祖母にも影響を与えたはずで、半世紀ほど前に子守唄がわりに歌舞伎十八番《おはこ》のセリフを私が聞かされたこととピタリと繋がるかと思います。

小学校低学年の頃だったでしょうか、地元の名士である当時の教育長が祖母のところに挨拶に来たことがありました。みよしネエやんと、親しげに祖母と話していましたが、しつけ係としてその教育長を幼い頃から母親のように面倒を見て、読み書きも教えていたのが祖母でした。小学校で一番偉い校長先生が気を遣うほどの上の立場である教育長が、自分の祖母に甘えるようにして往時を懐かしがっているのを見て、私は誇らしく思ったものです。

また母方の祖母も、上田で素人歌舞伎グループを結成して、ローカルテレビに取材されるような人でした。その血は確実に受け継がれ、長女であるお袋は、女子高生時代に演劇部を立ち上げます。当時、俳優座で女優として活躍していた阿部寿美子さんから東京でやってみないかと声をかけられ、本人もその気になったらしいのですが、大工である堅物の祖父の猛反対を受け、泣く泣く断念することになります。その思いは、高校卒業後に結成した市民劇団へと繋がります。

両祖母の歌舞伎であれ、母親の演劇であれ、積年の表現に対する憧憬が増幅され私へと繋がったと考えてみると、むしろ私が落語家の道を選ぶのは必然のような気がするのです。

そして、もっとたどると、やはり江戸文化を開花させるきっかけとなった家康の恩恵に結びつくと考えるのは大げさでしょうか。

そんな、古いものを大事にする気風を持った祖父母や両親の手元にいつも置いてあったのが「こよみ」でした。インターネットなどの情報がない時代のことです。新築の日取りなどは、こよみを参考にしていたなあと、しみじみ思い出しています。いま考えると、グーグルの代わりがこよみだったのでしょう。いや、ズバリ言うなら、こよみこそまさにグーグルだったのです。

いつも、初詣の帰りに屋台のお店で売られていたこよみを買うことで我が家の一年が始まりました。こよみはいつも電話台の近くに、自らの居場所として主張するかのようにそこに君臨していました。

私は、難しい漢字の読み方などわかりませんでしたが、吉が良いことで、凶が悪いことぐらいの初歩的なことのみを頼りに、勝手気ままに読み出していました。

つまり知らず知らずのうちに、こよみを身近な存在として受け入れていたのです。

後年、こうして、こよみにまつわる出版社からこよみと縁深いゲン担ぎの本を書くというのもやはり原因と結果、つまり因縁ではないかと強く信じています。

44. こよみは人生ナビゲーター

親から子へ、そして子から孫へ。そんな系譜の上にこよみは成り立っています。先人や子孫が迷った時に困惑することがないようにとの思いで受け継いできた、ビッグデータみたいな感じでしょうか。

おそらく最初は、この日に太陽の沈む方向に歩いて行ったらケガをした、俺はその日同じほうに歩いて行ったらヘビに追いかけられた、私は風邪を引いたといった、方角や日時に関連する情報が、帰納的に積み重なっていったのでしょう。

時期という「時間」や、方角という「空間」での、素粒子のような出来事がじわじわと蓄積していき、「待てよ、じゃあ、ここになにか深いわけがあるのでは?」という検証に繋がり、星の並びから学ぶ天文学や占星術、こよみなどが発生していったのではないでしょうか。初めから、法則性を発見したのではないと思います。人類の歩みは演繹《えんえき》的ではなく、帰納的だったはずです。

特に鍼《はり》や漢方薬はそのような形で発達したとも耳にしました。あくまでも、そういう意味からひも解くと学問なんて後付けのような気がします。特に東洋的な思想はそのような感じではないでしょうか。個人の体験がじわじわと漆を塗るかのように層になっていって集合知となり、それが飛躍してひとつの学問へと成長していく。まさに「こよみ」は人生ナビゲーターでもありますな。

ここに、落語との相似性を見ます。落語ではいろんな場面で、こよみが出てきます。「ちゃんと、いい日選んでご挨拶に行きます」「こよみを見てからにします」などの登場人物のセリフに代表されるように、ゲン担ぎのキッカケ作りとしてこよみをきちんと利用していました。

落語は主として失敗のパターンがレイヤー（層）となって構築された話芸です。談志は「人間の業の肯定が落語だ」と定義しましたが、要するに失敗を認めて受け入れている芸能こそ落語なのです。

こよみも、同じように人間にとって、良いことも、悪いことも時間と空間を座標軸にして読み解くガイドブックで、経験値の集大成です。共に人間ありきで行く末を見つめているという点では人間科学的な存在で、そのあたりが微妙な温もりとなっているからこそ、共に決してすたれるものではないと信じています。こよみは断じてドライなものではないのです。

そして、こよみは１００％完璧なものではありません。逆に完璧なものを求める対象でもないはずです。わかりやすくいうと、努力もしないで神頼みしてもナンセンスなのと同じです。そのくらいのポジションで接するべきです。無論、こよみのみならず、これは占いなど全てについていえることです。

脚本家や映画監督などで知られる三谷幸喜《みたにこうき》さんが、かつて役者をやっていこうとした時期に、姓名判断から、絶対に強運をもたらす画数の芸名をつけて挑んだことがあったそうですが、まるっきり売れなかったというようなことを、エッセイかなにかで読んだ覚えがあります。

こよみはあくまでも環境を整えるためのもので、それ以上でもそれ以下でもないのでしょう。大切なのは才能とそれを磨くために心血を注ぐ努力なのです。

これは、私も頻繁に遭遇するケースのひとつなのですが、風水は当たらないとか、評判のパワースポットに行ってみたけどあんまり効果がなかった、などという人たちへの答えでもあります。

私が風水に凝っていたことを受けて、エビデンス（実験）的にどうなの？　と言い出した人がいました。ある意味、西洋的な価値観に捕らわれすぎている発想なんだなあと腹立たしく感じたものでした。東洋的な考え方に対しても、もっとおおらかになればいいのに、もったいないものです。

私はこよみや、それに類するゲン担ぎに左右されろとは決して言ってきていません。それこそ「正しいか、間違っているか」の二元論にのみ価値を置く西洋的思考です。そうではなく、東洋的に、正しいのも間違っているのも両方ともという、一元論的な考え方をむしろ上手に利用すべきと訴えているのが、この本に通底する主張です。

得てして主導権が自分にない人ほど、そのような二元論的発言をしたがるものなのかもしれません。自動車のナビゲーターだって、みなさん、全てを鵜呑みになんかしていませんよねえ？　あれと同じではないでしょうか。

そのエリアの道に自分自身が慣れてくれれば、ナビゲーターをさほどアテにしなくても自由に好き勝手な道を自分で開発していくものです。だってそっちのほうが絶対に楽しいはずですもの。

そう、大切なのはこよみに縛られることではなく、むしろアップデート、カスタマイズしてしまうことなのです。

45.「思い立ったが、吉日よ」が大切

こよみをアップデートするとは、一体どういうことでしょうか。ズバリ言うなら落語の中でしばしば出てくる「思い立ったが吉日よ」というセリフと、それに準じた行為を指すのではないかと思います。

長屋の独り者が所帯を持つ噺には、『たらちね』や『不動坊《ふどうぼう》』があります。早く嫁をもらいたいという人物に対して、大家さんやらご隠居さんが諌《いさ》めるようにして、こういうのはちゃんと良い日を選んで（つまりこよみを見てから）するものだと放った後に続くセリフです。

そして、どちらも、「なるほど、思い立ったが吉日か、いい言葉だなあ」と大家さんやご隠居さんも納得して、その日のうちにお嫁さんを連れてくるというネタです。

落語は江戸時代に花が開き、庶民にとっての生活の知恵、処世術として定着しました。

これは、武家階級が講談から為政者の歴史と生き様を学んだのと好対照です。

庶民の間で、思い立ったが吉日よという思想が流布していたから落語になったのか、

あるいは落語の登場人物が言ったから庶民が影響を受けたのかは別として、いずれにしても、こよみを否定しかねない価値観に繋がるようなセリフがあったからこそ、日本は繁栄したのではないかと思うのです。

かなり飛躍しすぎた考え方かもしれませんがお聞きください。

例えば、ある国のトップは、生年月日を明らかにしていません。うがった見方ですが、生年月日が公開されていたとしたら、占星術や四柱推命などによって、弱みなどが白日の下となってしまうことを危惧していたのではと思います。

島国と大陸国家とのものの捉え方の違いにも結びつくかもしれませんが、この本の『後生鰻』の話で触れたように、原理原則をシビアに守ろうとする態度は日本にはそぐわないのではないか、と。

そんな日本とは異なり、弱みを隠してミステリアスな雰囲気を漂わせておかないと権力は保持できない、と考えているとしたら、なんとなく合点がいきそうな気にはなりませんでしょうか。

逆に日本は、こよみに縛られることなく、思い立ったが吉日よというセリフを吐くことで、より社会の流動性が高まり、かくしてアジア初の先進国の仲間入りを果たすことができたのではないか、と。

確固たるデータもないまま、ただ思いつきだけで書いていますが、あながち間違いではない考察だと信じています。

思い立ったが吉日よの概念と、占いでマイナスな結果が出た時につぶやく「当たるも八卦《はっけ》当たらぬも八卦」は近い発想です。

例え、悪い卦が出たといっても気にすることはない。当たらないこともある、というある種の保険は、占いの完璧性の否定です。占いでご飯を食べている人への営業妨害的でもありますが、よく当たるといわれる占い師ほど、この言葉を頻繁に使っているケースがあるのが、また面白いところであります。日本人のおおらかさかを感じる部分でもありますなあ。

思い立ったが吉日よは、スポーツの世界でいうところのアドバンテージみたいなものでしょうか。アドバンテージとは、反則が生じた場面で、反則を被ったチームが有利となる場合にその罰則を適用しないことなどを指します。

例えばサッカーの試合で、攻撃側の選手が守備側からファウル判定のスライディングを受けた時などに、それでも攻撃側が優位性をキープし続けている状態だと主審が判断すると、その時点では試合を中断させないのです。

このアドバンテージがあるおかげで、サッカーなどはとても流動性が高くなり、試合がより白熱するようになっています。勢いに水を差さないための配慮といったところでしょうか。実生活においてもその通りではないかと思います。

周辺の環境も整い、なにより当の本人がやる気に満ちて盛り上がっているという状況なのに、こよみがイマイチだからといって別の日取りを選んでいたとしたら、物事はうまくいくはずなどありません。

そんな時に、「思い立ったが吉日よ」とささやいてあげたら、まさにアドバンテージとなって何事もどんどん動いてゆくのではないでしょうか。

こよみでの判定を重視しつつも、一番の決定権は人間にあって、その責任を取るのも人間なんだよと断言しているのが、「思い立ったが吉日よ」というセリフのような気がします。

日本人に生まれて良かったなあと思いませんか？

46. ツイていない時は運の貯金

こよみは絶対なものではありません。人間が行動する際に、あくまでも人間が主体になるための相対的なものとして機能してきたからこそ、これほど長いこと使われ続けているものと考えられます。

例えるなら師匠です。師匠は確かに私たち弟子からしてみれば絶対的な存在ではありましたが、談志自ら俺は間違っていると言い切るほどの相対性と、客観性を有していました。いま考えると、これは相当な自信がなければ吐けないセリフであります。

「当たるも八卦当たらぬも八卦」というのはその象徴です。

この言葉は良いことも、悪いことも両方あるという当たり前の真理を描いているともいえます。

私は、嫌なことや面倒なことが続くと、悲観的になってしまって、このまんま終わるのかなあと思いがちなタイプで、前座時代の自分はいつも暗い考え方に固執していました。なので、この言葉には救いを感じるものです。

萩本欽一さんが著書の中で、「運が悪い時って、落ち込んではいけない。それは運が貯まっている時期なんだから」と言っていました。

苦労人の萩本さんが編み出した見事な金言だと思います。

同じような発想のことわざに、「凶が吉に還《かえ》る」というものがあります。これは同時に「吉が凶に還る」という意味も伴います。良いことも悪いことも回り持ちで、良い後は悪いことが起き、また悪い後は良いことが起きる。そんな流れの中にいるのだから、その度にいちいち落ち込んだり悩んだりしないようにという先人からのバトンような言葉です。

この見方は、プラス思考というよりは、むしろニュートラル思考というべきかもしれません。プラス思考というのは、マイナス面を全てカットしてしまうような幾分浅薄な響きがあります。

もともとプラスもマイナスもない、たまたまプラスの時があったり、マイナスの時があったりするだけで、それぞれが永遠に続くわけではない、というニュアンスであるニュートラル思考のほうが幅も広くて一枚上手のような気がします。

こよみを読んで、「ああ、今年はあんまり良い年じゃないなあ」などとつい悲観しがちになったら、ニュートラルに受け止めてください。「なら、来年は良い年になるはずだから、今年はその準備をして、土台を作ろう」という考え方に変えてみるのはどうでしょうか？　逆に、今年の運気が最高なら、来年以降は下がるということでもあるので、その間、慢心しないで落ち着いて物事に取り組もうと心掛けてみたらいかがでしょうか。

師匠に入門する前のこと。各方面から落語界の情報を仕入れる度に「立川流はやめておいたほうがいい。師匠が厳しすぎる」などとよく言われたものでした。入門して、確かに聞きしに勝るような場面に何度か出くわしたこともありますが（笑）、いま振り返ってみると、あの辛さを経験しておいたお陰で、なんだか全て天国のようにすら感じられています。

例えば、ベンチプレスで100kgが重たいと思ったならば、補助をしてもらって120kgの重みを経験すべきなのです。それをやっておいて、いざ100kgに挑むと「あれ、100kgって案外軽いかも」と感じる瞬間があります。そういう体感の誤作動が100kgを上げる際の大きなキッカケになるものです。実際に何度もそれを繰り返して、念願の100kgを突破したものでした。

そういう意味でいうと、談志の元で前座修行をしておいて良かったと、いま身に染みて感じています。前座の９年半というのは、マイナスな時期だったのかもしれませんが、あの頃師匠からの数多く言われ続けてきた小言や罵倒に対して、見方を変えただけで、こうして11冊目の本が書け、さらなる依頼まできてもいます。スムーズに事が運んでいたら、そうはならなかったはずです。

人間は順境の時には、捉え方は変えられないものです。逆境だったからこそ見方を変えざるを得なかったわけで、そのクセを応用することが本を書くことにも繋がっています。

あの頃は、もしかしたらこうして出版をするための訓練を知らず知らずのうちに積んでいたのかもしれません。

さて、こうして考えてゆくと、世の中、なにが幸いするかわからなくなってきます。運に良いも悪いもないのです。ツイてるもツイてないもないのです。

良いことも悪いことも、その時に得た経験をいかに次に活かすか。それしかないのではと思います。

大切なのは未来。そのためにゲン担ぎがあったのです。

◇おわりに〜神様を笑わせちゃえ！

ゲン担ぎにまつわる長講一席、いかがだったでしょうか？

ああでもない、こうでもないと、すべてゲンを担ぐというテーマに沿うよう、コーナーに向けて丁寧にコントロールを定めて投げぬいた感じです。書き終えて、痛感しました。ゲンを担ぐとは、主導権を自分に引き寄せる行為そのものではないか、と。ゲン担ぎって、縁起の良いものや事を探してさまよい続ける、なんだか主導権を他者に握られたような行為だと思いがちですが、そうではなく、本当のゲン担ぎとは、自らが主導権を握って人生を差配している状態そのものを指しているように思います。

前座時代を振り返ります。歌舞音曲の徹底習得を命じられるのが立川流の二つ目への昇進基準でした。これについて、「師匠が決めた基準だから」という心持ちでいる限り、永遠に昇進できません。与えられた課題を処理するのではなく、師匠のおかげで好きになったというような、「ほんと、歌や踊りが楽しくなりました！　芸人人生が豊かになりました！」という姿勢でないと、認められないものでした。

自分はこれにつまずき、結果として9年半という長い前座期間を余儀なくされました。「やらされている」というのは主導権が向こう側にある状態で、「楽しんでいる」というのは主導権が自分の手元にある状態のことです。

ゲン担ぎも実はこれなのかもしれません。どんな行為でも、その先に人の笑顔が見えるならばすべてそれはゲン担ぎであり、なおかつ自らが主人公となり主導権を持って継続すれば、さらなる高みへと繋がっていくはずです。その結果、カリスマを、ひいては神様を笑わせることができるようになるのだとしたら、とてつもなく夢のあることのように思えてきませんでしょうか?

あとは実践あるのみです。「神様にお願いするのではなく、神様を笑わせる」。これが本当のゲン担ぎだったのです。一緒になって、神様に対してサプライズを与えてみましょうよ。運が悪いとかツイていないなんて言っている暇はありません。共に頑張りましょう。

この本をここまで読んでくださったあなたなら、もうおわかりかと思います。

そうです。**パワースポット巡りをするのではなく、あなた自身がパワースポットになるのです。**

そんなふうにして読み込んでくださったとしたら、もっけの幸いです。一緒に人類初のパワースポットになりましょう。そんな了見で毎日笑顔で生きていけたら、きっとうまくいくはずです。

吉報は編集部まで。お待ちしています。

立川談慶拝

【著者プロフィール】

立川談慶（たてかわ・だんけい）

1965年、長野県上田市（旧丸子町）生まれ。慶應義塾大学経済学部を卒業後、㈱ワコールに入社。3年間のサラリーマン時代を経て、1991年立川談志18番目の弟子として入門。前座名は「立川ワコール」。2000年の二つ目昇進を機に、談志師匠に「立川談慶」と命名される。2005年、真打ち昇進。初の慶応義塾大学卒の真打ちとなる。国立演芸場をはじめ、お江戸上野広小路亭などで数多く独演会を行うほか、テレビやラジオでも活躍中。著書に『大事なことはすべて立川談志に教わった』（ベストセラーズ）、『いつも同じお題なのに、なぜ落語家の話は面白いのか』（大和書房）、『「めんどうくさい人」の接し方、かわし方』（PHP研究所）、『なぜ与太郎は頭のいい人よりうまくいくのか』（日本実業出版社）、『慶応卒の落語家が教える「また会いたい」と思わせる気づかい』（WAVE出版）、『老後は非マジメのすすめ』（春陽堂書店）など多数。「落語コミュニケーション論」の第一人者。

カバーデザイン　スタジオギブ
撮影　小林美菜子
編集協力　東京出版企画
オフィス・スリー・ハーツ
本文DTP　松下隆治
編集・企画　粟多美香、長谷里美（神宮館）

デキる人はゲンを担ぐ

2019年6月27日　初版　第1刷発行

発行者　木村通子
発行所　株式会社 神宮館
〒110-0015　東京都台東区東上野1丁目1番4号
電話　03-3831-1638（代表）
FAX　03-3834-3332
印刷・製本　誠宏印刷株式会社

ISBN978-4-86076-584-2
Printed in Japan

神宮館ホームページアドレス　https://jingukan.co.jp
1960150